시장발전과 경제개발

서울대학교 규장각한국학연구원 한국학 모노그래프 61

시장발전과 경제개발

펴낸곳 서울대학교출판문화원
펴낸이 오연천
지은이 이승훈

초판 1쇄 발행 2009년 10월 15일
초판 4쇄 발행 2010년 12월 20일
출판등록 제15-3호

주소 서울 관악구 관악로 599 우편번호 151-742
대표전화 02-880-5252 **팩스** 02-888-4148
마케팅팀(주문상담) 02-889-4424, 02-880-7995
이메일 snubook@snu.ac.kr
홈페이지 www.snupress.com
영문홈페이지 eng.snupress.com

ISBN 978-89-521-1013-8 94320
세트 978-89-521-1027-5

2010년 **대한민국학술원 우수학술도서**

서울대학교 규장각한국학연구원 한국학 모노그래프 61

시장발전과 경제개발

이승훈 지음

서울대학교출판문화원

Market and Economic Development

Seung-Hoon Lee

Seoul National University Press

머리말

세계 어느 곳을 가더라도 물건을 사고파는 점포가 없는 곳은 없다. 잘사는 나라의 풍요로운 쇼핑몰에서부터 못사는 나라의 떠들썩한 장마당에 이르기까지 시장은 세계 어느 곳에나 존재한다. 정도의 차이는 있지만 사람들은 각자 자신의 생업에 종사하여 번 돈으로 시장에서 필요한 물자를 구입하여 생활한다. 시장경제란 이러한 생활방식이 보편화한 나라의 경제를 이르는 말이다.

시장은 세계 모든 나라에 두루 존재하지만 사람들이 시장에 의존하는 정도는 나라마다 다르다. 나라에 따라서는 사람들이 시장보다 스스로의 생산에 더 많이 의존하기도 한다. 우리나라도 산업화 이전에는 사람들이 특수 공산품만 며칠마다 한 번씩 열리는 장날에 의존하고 의식주 대부분을 스스로 생산·조달했기 때문에 필요한 물자를 모두 시장에서 구입하는 시장경제의 생활과는 큰 차이가 있었다.

사회적 분업이 충분히 발달하지 않을 경우 사람들은 필요한 물자의 상당 부분을 직접 생산하여 조달할 수밖에 없다. 다시 말하면 사람들이 필요한 물자를 모두 시장에서 구입하는 시장경제는 사회적 분업이 그만큼 발달한 사회이다. 경제개발은 기본적으로 사회적 분업을 고도화시키는 과정이기 때문에 시장의 발전과도 긴밀한 관계를 유지한다. 인과관계의 방향에 대해서는 아직도 논란이 해결되지 않은 상태이지만 경제발전과 시장발전이 양의 상관관계를 유지하고 있음은 분명하다.

그러나 경제개발정책은 경제의 발전을 시장에 맡겨두는 것이 아니라 정부가 나서서 국가자원을 개발용도에 인위적으로 배정하는 시장개입 행위이다. 정부가 시장에 개입하여 경제개발정책을 펼치는 데 대해서는 시장기능이 경제발전을 저해하기 때문에 정부가 나선다는 주장과 현실의 개도국 시장이 부진하여 제 기능을 다하지 못하기 때문에 정부가 보완한다는 견해가 맞서고 있다. 진실이 무엇이든지 간에 실제로 개도국 정부가 경제개발을 추진하면서 시장에 폭넓게 개입해온 것만은 부인할 수 없는 사실이다.

정부가 시장에 개입하여 경제개발을 추진하는 방식은 결국 시장의 작동을 왜곡하기 마련이다. 그러나 경제개발이 성공하면 개도국의 시장도 한 단계 더 성장한 경제를 뒷받침할 수 있도록 발전해나가야 한다. 현재의 시장이 경제발전을 더 이상 수용하지 못한다면 시장을 왜곡하는 개발정책이 필요하다. 그러나 이 개발정책이 모처럼 일구어낸 성장을 제대로 유지해나가기 위해서는 성장한 경제를 제대로 뒷받침하는 시장이 나타나야 한다. 만약 개발정책이 이 시장의 등장을 억누르는 방향으로 작동한다면 성장을 유지하기는 불가능하다.

이러한 점에서 한국과 멕시코의 경제개발 경험은 매우 흥미로운 비교 사례가 된다. 양국 정부는 모두 시장에 깊숙이 개입하여 경제발전을 도모하였다. 그러나 한국의 경우 경제성장은 물론 시장의 발전까지 추구하였지만, 멕시코 정부는 시장의 발전은 전혀 고려하지 않았던 것으로 보인다. 그 결과 1960년대만 하더라도 한국보다 훨씬 더 풍요롭던 멕시코 경제가 이제는 한국에 앞자리를 내어준 채 고전하고 있는 것이다.

이 책에서는 한국과 멕시코의 경제개발 경험을 비교하고 시장발전과 경제개발 사이의 관계를 구명하려고 하였다. 경험 사례를 한국과 멕시코의 두 나라만으로 한정한 점은 이 책이 지니는 큰 한계라고 할 수 있다. 그럼에도 불구하고 경제개발과정에서 시장을 다루는 정부의 태도에 따라 경제개발정책의 성과가 얼마나 달라질 수 있는가를 밝히는 데는 일정 부분 기여했다고 자부한다.

이 연구는 규장각한국학연구원의 지원으로 수행되었다. 연구비 지원에 크게 감사한다. 뿐만 아니라 연구비 지원 심사, 그리고 최종 보고서 평가에 참여한 평가위원들의 검토보고서는 원고를 정리하는 데 매우 유용하였다. 자문에 응해준 멕시코 인사들과 평가위원 여러분에게도 감사를 표한다. 그러나 이 책에 오류가 남아 있다면 그것은 전적으로 저자의 책임이다.

2009년 9월

이승훈

차 례

I. 시장과 경제개발

시장을 가장 단순하게 정의하면 '교환이 이루어지는 장소'라고 할 수 있다. 사람들은 시장에 모여서 물건을 사고판다. 그런데 이 단순한 사고파는 행위가 인간의 경제생활에 끼치는 영향은 결코 단순하지 않다. 일단 내가 만들지 않아도 필요한 물자를 시장에서 살 수 있다면 사람들은 직접 만들어 쓸 것인가 아니면 시장에서 살 것인가를 결정할 것이다. 만약 스스로 만들어 쓰는 것이 더 낫다면 사람들은 시장을 이용하지 않겠지만, 반대로 시장에서 사는 것이 더 유리하다면 사람들은 시장을 이용하게 될 것이다. 시장이 번창하고 있는 현실은 많은 사람들에게 시장구매가 각자의 직접생산보다 더 낫다는 것을 보여준다.

어떤 물건을 직접 만들어 쓰기보다는 시장에서 사겠다고 결정한 사람들의 숫자가 많아지면 그 물건을 시장에 내다 팔 목적으로 생산하는 사람들이 많이 나타나야 한다. 그리고 생산해야 할 물량이 어느 수준 이상으로 늘어나면 이 사람들은 다른 일을 할 여유가 없어지므로 이 물건의 생산에만 전념해야 한다. 즉 '사회적 분업(social division of labor)'이 나타나는 것이다. 분업은 생산의 효율성을 크게 향상시키기 때문에 사회적 분업이 진전될수록 국가경제의 생산능력이 향상되고 생산실적도 급속히 늘어난다. 시장을 통해서만 사회적 분업이 조성되는 것은 아니지만 시장의 발달은 자연스럽게 사회적 분업을 유도하는 것이다.

시장구조는 그 사회의 사람들이 사회적 분업에 참여하는 정도를 그대로 반영한다. 시장에서 거래되는 상품의 품목과 수량이 적으면 사회적 분업의 정도도 그만큼 미미한 것이다. 반대로 거의 모든 재화와 용역이 엄청난 물량으로 거래되는 사회는 고도로 발달한 사회적 분업체제에 진입한 사회다. 분업의 고도화는 생산력과 생산실적을 비약적으로 신장시킨다. 따라서 경제발전의 실체는 바로 분업의 고도화라고 할 수 있다. 다시 말하면 선진국은 후진국보다 더 복잡하게 진화한 사회적 분업체제를 갖추고 있고, 그 시장도 이러한 고도의 사회적 분업을 뒷받침할 수 있는 정교하고 치밀한 구조로 발달해 있다.

시장만이 사회적 분업을 강화하고 발전시키는 것은 아니지만 시장의 발달이 사회적 분업의 진전과 밀접한 관계를 가진 것만은 분명하다. 시장의 발달은 외형적 범위의 확대에서 내부적 심층화에 이르기까지 여러 가지 형태로 전개된다. 시장의 심층구조가 발전한 정도까지는 고려하지 못했지만 그 범위가 커지는 것만으로도 국가경제의 성장이 촉진된다는 사실에 대해서는 여러 가지 경험적 연구결과도 보고되어 있다(Ades and Glaeser, 1999 참조). 특히 국가경제를 개방하는 무역자유화 조치는 시장을 국제 시장으로 확대하는 조치인데 이러한 무역자유화 조치가 경제성장에 기여한다는 연구결과는 아주 많다(Levine and Renelt, 1992; Frankel and Romer, 1999; Frankel and Rose, 2002; Alesina, Spolaore and Wacziarg, 2000 참조).

시장의 발달이 경제성장과 양(+)의 상관관계를 보인다면 양자 간 관계는 다음의 세 가지 중 하나다. 첫째, 시장의 발달이 경제성장을 촉진하는 경우다. 시장이 발달하여 사회적 분업을 확충하면 당연히 경제성장이 뒤따른다. 또 시장에서 개인은 자신의 이익을 추구하면서 열심히 일한다. 사람마다 자신의 이익을 위하여 일하기 때문에 자신의 이익과 무관한 일을 할 때보다 더 열심히 일하기 마련이고, 그 결과 국가경제의 성장이 빨라질 수 있다. 둘째, 경제성장이 시장의 발달을 이끄는 경우다. 국가경제의 성장은 분업의 발달로 실현되는데, 발달한 분업은 더 큰 규모의 교환을 차질 없이 이행할 수 있는 발달한 시장을 필요로 한다. 따라서 시장의 발달은 경제성장의 원인이 아니라 결과라고 할 수 있다. 셋째, 시장과 경제성장 사이에는 아무 인과관계는 없고 통계적 상관관계만 관찰될 뿐이다. 이 경우 시장은 효과적인 경제개발 전략을 탐구하기 위하여 고려해야 할 대상에서 멀어진다.

시장의 발전이 경제발전에 기여한다면 시장을 이용한 경제발전 전략을 개발하는 것도 가능하다. 시장은 과연 강력한 성장기제인가? 개도국들이 시장을 성장기제로 이용하려고 할 때 겪는 어려움은 무엇인가? 특히 시장을 성장기제로 삼아 경제발전을 추구하는 과정에서 정부의 역할은 무엇인가? 시장의 작동은 경제주체의 분권적 의사결정을 전제로 하기 때문에 자유방임적 정치·사회 질서를 요구한다. 그럼에도 불구하고 정부의 역할이 필요하다면 시장경제가 요구하는 자유방임과 어떻게 조화를 이룰 것인가?

개도국 경제개발에 대한 개발경제학의 처방은 시기별로 달라져왔다. 1950~1960년대에는 경제계획에 의한 수입대체화를 권고했지만 1970년대에는 대외지향적이고 가격기능을 중시하는 시장지향적 개발전략을 추천하는 쪽으로 변하였다. 이러한 추세는 더욱 강화되어 1980년대 후반에 이르면 자유시장과 통화건전성을 기축전략으로 삼는 소위 '워싱턴 콘센서스(Washington Consensus)'로까지 발전한다 (Williamson, 1990). 그러나 이 전략과 매우 다른 개발전략을 취한 한국과 대만은 비약적 경제성장을 성취한 반면에 워싱턴 콘센서스의 처방을 받아들여 1985년부터 1999년까지 구조개편을 강력히 추진한 중남미 국가들은 1980년 이전의 부진한 성장률에서 여전히 벗어나지 못하고 있다. 이 사실만 보면 시장지향적 개발전략은 매우 부당한 것처럼 보인다. 그러나 한국과 대만의 고도성장은 해외 선진국 시장을 최대한 활용한 개발전략의 성과라는 점에서 결코 시장과 무관하다고 말하기는 어렵다. 그렇다면 개도국의 개발 과정에서 시장의 역할은 과연 무엇이어야 하는가?

이러한 의문에 답하려면 먼저 시장이 무엇인가 하는 의문부터 해결해야 한다. 길거리에서 호객하는 상인들의 고함소리가 시끌벅적한 재래시장에서부터 편의점, 백화점, 대형할인점을 거쳐서 홈쇼핑과 온라인시장, 부동산시장, 증권시장, 외환시장, 그리고 원유와 각종 자원이 거래되는 뉴욕과 런던의 현물시장 등 현실의 시장은 그 종류도 다양하다. 그리고 각 시장별로 사고파는 상품과 거래방식이 다르고, 문제가 생겼을 때 해결하는 방식도 다르다. 낙후된 개도국의 시장은 재래시장 중심으로 이루어져 있지만 대체로 사회적 분업이 발달한 사회일수록 복잡하고 다기한 시장을 갖추고 있다. 그러므로 사회적 분업에서 시장이 수행하는 기능과 분업수준의 고도화에 따라서 시장구조가 어떻게 변하는지를 먼저 이해해야 시장과 경제발전 간의 인과관계를 조명해볼 수 있을 것이다.

이 연구에서는 인과관계적 측면에서 시장과 경제개발 간의 관계를 살피고, 개도국의 경제개발정책이 시장을 어떻게 이용해야 할 것인지를 살펴보고자 한다. 한국과 멕시코는 경제개발 과정에서 정부가 시장에 깊이 개입하였다는 점은 같지만, 멕시코의 정부개입은 항구적으로 시장대행형인 반면에 한국의 경우 시장대행형 정부개입은 한시적이었고 적지 않은 경우 시장촉진형 개입도 있었다는 점이 서로 다르다. 두 나라의 대조적 경험은 시장과 경제개발 간의 관계를 생생하게 보여주는 실증적 사례이기 때문에 이 연구의 주요 부분으로 포함하여 분석하였다.

다음 제II장에서는 시장이 국가경제의 사회적 분업을 어떻게 이끌고 사회적 분업의 발달이 시장에 어떠한 변화를 초래하는지에 대하여 살펴본다. 제III장에서는 사회적 분업과 시장의 발달 정도가 모두 부진한 개도국의 경제개발에 시장이 기여할 수 있는 가능성을 점검한다.

한국과 멕시코는 제2차 세계대전 이후 20세기 후반기에 산업화를 추진한, 현재 OECD의 몇 안 되는 개도국 회원이다. 양국은 지극히 대조적인 산업화 과정을 거쳐왔는데 그 성과는 일단 1990년을 기점으로 하여 분명히 드러난 상태다. 제IV장에서는 1990년대 초까지 한국의 경제개발 과정이 시장을 어떻게 이용해왔고 그 성과는 어떠한지에 대하여 분석하고, 제V장에서는 같은 기간에 멕시코의 경제개발 과정은 시장을 어떻게 왜곡해왔고 그 결과는 무엇인지에 대하여 분석한다. 마지막 제VI장에서는 결론적 소감을 요약한다.

II. 시장과 사적 소유권

시장에서 개인은 자신의 이익을 추구한다. 그런데 '자신의 이익'이라는 표현은 이미 '사적 소유권(private ownership)'이라고 하는 법률적 개념을 내포하고 있다. 시장에서 열심히 일을 하여 돈을 벌었는데 갑자기 정부나 힘센 개인(들)이 나타나서 그 돈이 자기 것이라고 주장하면서 빼앗아 가버리는 일이 비일비재하다면 나는 내가 번 돈에 대하여 사적 소유권을 행사할 수 없다. 드러내놓고 몰수하지 않더라도 부분적 또는 일시적으로나마 구매력 행사를 제한하는 경우에도 사유권은 침해당한다. 이처럼 사적 소유권이 인정되지 않는 사회에서는 사람들이 각자 돈 벌기 위하여 일하고자 하는 유인을 전부 또는 부분적으로 상실하기 마련이다. 자신의 이익을 마음껏 추구할 수 없기 때문에 시장의 작동도 그만큼 위축될 수밖에 없는 것이다.

원래 '시장교환'이라는 말은 그 자체가 재산권을 전제로 한다. 내 것과 다른 사람의 것을 맞바꾸는 것이 '교환'이다. 원래는 내 것이었지만 내가 이것을 다른 사람에게 판다면 그것은 그 사람의 것이 된다. 그리고 그 사람이 나에게 대가로 지불한 물건은 내 것이 된다. 사적 소유권을 인정하지 않는 사회에서는 성립할 수 없는 말이다. 사회가 사적 소유권을 인정하면 사적 이익을 추구하는 개인의 행동이 자연스럽게 나타난다. 사람마다 개별 행동이 자신에게 주는 득실을 분명하게 파악하여 여러 행동 가운데 가장 큰 이익을 주는 행동을 선택하기 때문이다. 그러므로 시장이 작동하려면 사회는 반드시 사적 소유권을 인정하고 보호해야 한다.

그런데 현실에서는 사회가 사적 소유권을 인정하더라도 그것이 완전하게 보호받지 못하는 경우가 종종 있다. 예컨대 조선시대의 산적이나 카리브 해에서 상선을 노리는 해적들은 사회가 인정한 사적 소유권을 거부하고 남의 물건을 강탈하였다. 상단이나 상선은 사적 재산권에 대한 사회적 보호가 못 미치는 경우를 대비하여 자체적으로 무장을 하고 다녔다. 국가가 사유권 보호를 감당하지 못하자 각자 스스로 보호하기 위한 사적 보호체제를 강구하였던 것이다. 러시아의 소문난 마피아도 사실은 국가권력이 취약한 시기에 사적 보호의 목적으로 출발했다고 한다. 이처럼 재산권에 대한 사회적 보호가 불완전하면 사람들은 사적 보호로 빈틈을 메우면서 시장교환을 계속해 온 것이다.

사유권을 침해하는 것은 강탈만이 아니다. 시장교환을 사취(詐取, cheating)와 편승(便乘, free-riding)이 오도하는 경우에도 사유권은 침해당한다. 국법으로 사기를 처벌하고 개인이 스스로 경계하는 것은 모두 사유권을 보호하기 위함이다. 사유권 보호에 국가의 힘이 미치지 못하고 사적 보호도 제대로 기능하지 못하는 부문에서는 사람들이 시장교환을 꺼리게 되고 때로는 시장이 아예 성립하지 않기도 한다.

재산권에 대한 사회적 보호는 보통 국가권력이 법에 의한 강제력을 발동하여 시행한다. 그러나 모든 사회적 보호가 반드시 국가권력에만 의존하는 것은 아니다. 헤로도토스(Herodotos)는 카르타고 상선이 적대관계에 있던 리비아 인들과 서로 상대방의 재산권을 존중하면서 거래하는 모습을 기술하고 있다.[1] 거래 쌍방이 상대방의 재산권을 자발적으로 인정하고 존중할 수밖에 없는 상황이라면 국가권력이 반드시 필요한 것은 아니다.

시장 작동의 필요조건은 사적 소유권이 반드시 존중받고 보호되어야 한다는 것이다. 개인의 사유재산과 그 재산권의 이전을 약속한 거래계약이 사회적으로 인정받고 존중되어야 시장거래는 활성화된다. 국가권력이 행사하는 강제력이든, 사적 보호든, 상호 자발적 존중이든 간에 거래자의 사적 소유권을 보호하는 장치가 있어야 한다. 물론 사적 소유권을 보호하고 거래계약을 시행하는 데에는 비용이 들고, 이 비용은 결국 거래에 참여하는 사람들이 분담한다. 이 비용이 시장 성과, 즉 거래의 이익을 능가하면 시장은 비효율적일 뿐만 아니라 결코 유지될 수 없다. 시장은 더 작은 비용을 들이면서 개인의 사유재산권과 시장의 거래계약을 더 잘 보호하는 사회에서나 발달할 수 있다.

1. 재산권 구조와 사회적 합의

어느 사회이건 소속된 개인의 일을 결정하고 그 성과를 나누는 규칙이 있다. 일단 규칙이 정해지면 개인은 규칙에 따라서 자신이 가장 좋은 결과를 얻을 수 있도록 행동한다. 이 규칙은 결국 일의 성과에서 각 개인이 사적으로 누릴 수 있는 범위를 정해주는데, 각 개인은

1. 카르타고 상선이 리비아 해안에 접근하여 선원들이 상품을 아무도 없는 바닷가에 하역하고 일단 배로 돌아온다. 그리고 연기를 피워 신호를 보내면 리비아 인들이 해안으로 나와서 남겨놓은 상품을 살펴본 다음 상품 값으로 합당하다고 생각하는 만큼의 황금을 남겨놓고 숲 속으로 철수한다. 리비아 인들의 철수를 확인한 카르타고 선원들은 다시 상륙하여 황금을 보고 합당하면 황금을 가지고 떠나지만 모자라다고 생각하면 상품과 황금을 그대로 두고 무언의 흥정을 계속하였다고 한다. Olson(2000) 참조.

허용된 범위 내에서 사유재산권(private property right)을 행사한다.

사회주의 계획경제도 예외가 아니며 다만 그 허용 범위가 지극히 제한적일 따름이다. 이를테면 개인은 자신이 할 일을 마음대로 선택할 수 없고 당국의 경제계획이 부과한 일을 수행해야 하지만 계획당국은 개인들이 각자의 일을 수행하는 과정에서 눈치껏 게으름을 부리는 행위까지 근절할 수는 없다. 이 개인적 운신의 폭이 사회주의가 허용하는 재산권의 일부라고 볼 수 있다.

시장경제의 조세제도와 복지제도 또한 결국 각자가 누릴 최종적인 몫을 결정하는 규칙이기 때문에 결국 사유재산권을 규정하는 규칙의 일부가 된다. 경제체제와 국가에 따라 허용되는 재산권 구조는 이처럼 천차만별하다. 그렇다면 과연 어떠한 구조의 재산권이 합당한 것인가? 어떤 것이 내 것이고 어떤 것이 내 것일 수 없는가?

특정 개인의 노동력이나 노동력만으로 생산된 성과물은 일반적으로 그 개인의 것으로 보아야 할 것이다. 그렇다면 천연자원이나 여러 사람의 노동력이 협력하여 생산한 성과물은 누구의 것일까? 일단 천연자원은 국가의 공동소유물이고 여러 사람이 함께 생산한 성과도 생산에 참여한 사람들의 공동소유물이라고 생각해볼 수 있다. 그리고 공동소유물의 경우 개인별 몫을 설정해줄 수도 있고, 경우에 따라서는 개인의 노동력과 그 생산물에 대해서도 해당 개인의 소유권을 제한할 수도 있다.

노예제도가 금지된 문명사회라면 나의 신체와 이로부터 나오는 노동력은 내 것이 분명하다. 그리고 나의 노동력이 내 것이라면 이것이 만들어낸 것도 모두 내 것이어야 자연스럽다. 개인의 노동력과 이 노동력이 생산한 것은 모두 그 개인의 소유라고 규정하고 이것을 '사유재산권 제1원칙(first principle of private property right)'이라고 부르자. 노예제도를 금지한 사회는 기본적으로 사유재산권 제1원칙을 받아들인 사회라고 할 수 있다.

문제는 노동력만으로 생산할 수 있는 품목은 지극히 제한되어 있다는 사실이다. 농사일에는 토지가 필요하고 공장일에는 기계와 같은 도구가 필요하다. 심지어 단순한 채취경제에서도 수렵·채취할 천연자원이 있어야 노동은 생산력을 발휘한다. 그러므로 토지와 기계, 천연자원이 내 것이 아니라면 내 노동력이 이들을 활용해서 생산한 결과물도 그 가운데 일부만 내 것일 뿐이다. 생산물 가운데 과연 얼마만큼이 내 것인지를 결정하는 일은 더욱 난해하다.

그런데 토지 등이 내 것이 아니라면 누구의 것일까?[2] 토지와 천연자원은 사람이 만든 것이 아닌 만큼 이것을 처음부터 어느 개인의 소유라고 말하기는 어렵다. 요긴한 자원을 특정 개인의 소유로 획정하기 어렵다면 이것은 결국 사회 전체의 공유물로 관리되기 마련이다.[3] 실제로 원시시대의 토지와 천연자원은 그 지역에 거주하는 씨족의 공동소유였다. 개별 노동력의 기여가 있어야만 수렵·채취 활동의 성과물과 농산물을 거둘 수 있지만, 토지와 천연자원 같은 공동소유물의 기여도 절대적이었다. 개별 노동력이 기여한 정도를 평가하기도 쉽지 않은 터에 공동소유자원의 기여가 큰 점을 고려하면 모든 생산물을 전체 씨족사회의 공유물로 귀속시키던 관행의 배경을 쉽게 이해할 수 있다.

단순한 공동생산이 고도의 분업생산으로 발전하면서 모든 개인이 동일한 권한을 행사하는 사회공동소유와 같은 단순한 소유방식으로는 경제생활을 감당하기 어렵게 된다. 가령 씨족사회 구성원이 무엇을 사냥하고 사냥한 결과를 각자 얼마나 소비할 것인지는 씨족사회 구성원 모두에게 매우 중요한 일이지만, 공장에서 무엇을 얼마나 생

2. "Property is Theft!"를 외친 프루동은 노동이 점유하고 활동하는 토지만 소유권을 인정할 수 있다고 주장한다(Proudhon, 1840).

3. 무인도에 표류한 로빈슨 크루소는 그 자신이 전체 사회였고 따라서 무인도 모든 자원의 소유주였다.

산할지는 농민의 관심사가 아니고, 논밭의 생산은 공장에서 일하는 사람들의 관심사가 아니다. 농민이 공장생산을 간섭하고 어민이 광산채굴에 개입하는 것보다는 서로 간섭받기를 싫어 할 것이다.

농민이 공장일에 간섭하지 않는 대신 공장일을 하는 사람들도 농사일에 간섭하지 않는 방식의 타협이 두루 이루어질 것이다. 사회적 자원의 사용권은 사회적 합의(social consensus)를 통해 농장일과 공장일 등 특정한 일에 종사하는 사람들의 권리로 되고, 이 합의가 더 나아가면 해당 자원의 소유권으로 된다. 물론 이 사회적 합의는 모든 사람들이 자발적으로 합의한 것이 아니라 힘 있는 세력이 강압하는 가운데 관철된 것이 대부분이다. 그러나 모든 사람들이 사후적으로 그 합의를 수용하고 그에 따른 재산권을 인정하면서 경제생활을 수행해오는 가운데 합의 내용은 정당한 재산권으로 확립되기에 이른 것이다.

결론적으로 말하면, 사회적으로 통용되는 재산권 구조는 그 사회가 획정하고 시장교환 과정에서 사회구성원들이 이것을 존중하는 형태로 결정된다. 물론 시대와 사회에 따라서 재산권 구조가 일부 강자에 의하여 부당하게 결정되고 강제로 시행되는 경우도 있었다. 그러나 이것을 시장교환 과정에서 사회구성원들이 그대로 인정한다면 이 재산권 구조는 결국 사후적 추인의 형태로 이들의 만장일치적 합의를 거친 것이라고 할 수 있다.

인간의 노동이 아닌 천연자원에 대해서는 사유재산권 제1원칙을 적용할 수 없고 일단 사회 전체가 공유하는 형태로 재산권이 획정될 것이다. 천연자원의 재산권을 사회 전체에 귀속시키는 원칙을 사유재산권 제2원칙(second principle of private property right)이라고 하자. 그러나 분업이 고도화되면 앞에서 지적한 대로 자원의 소유권은 관련 집단이나 개인에게 귀속되는 구조로 재산권이 개편된다. 이 과정은 특정한 방식의 사회적 합의를 거쳐서 재산권을 획정한다.

그러나 근대적 민주주의가 시민의 권리를 확립하기 이전에는 전제 군주와 지배세력이 이 합의 과정을 일방적으로 주도하였다. 노예제도에서 보듯이 양대 원칙은 폭력에 의하여 일방적으로 유린당하였다. 이처럼 소유권 획정이 만장일치에 의한 것은 아니었지만 폭력이 지배하는 범위 내에서는 이렇게 획정된 소유권이 그대로 관철되었다. 그 이후 모든 사람들이 시장교환 과정에서 이미 획정된 사유재산권을 존중하는 가운데 거래를 수행했기 때문에 실질적으로는 사회 전체가 재산권 구조를 추인한 것과 같다. 민주주의가 개인의 권리를 확대한 뒤부터 양대 원칙을 유린하는 사태는 해소되었다. 그리고 재산권 구조는 시장교환과 각종 계약을 통하여 끊임없이 변하는데, 이 변화 과정은 약탈과 편승이 아닌 한 관련 집단의 합의를 거치는 과정이다.

그러므로 사유재산권 제1원칙과 제2원칙이 기본적 재산권 구조를 결정하고 소유권자들이 자신들의 재산을 투입하여 만들어내는 성과에 대해서는 관련 소유권자들의 합의에 따라서 그 소유권을 결정한다고 말할 수 있다. 이처럼 소유권자들 간의 합의에 따라서 재산권이 결정되는 원칙을 사유재산권 제3원칙(third principle of private property right)이라고 하자. 수공예품과 같은 상품은 제1원칙만으로도 재산권을 획정할 수 있지만 더 복잡한 사회적 분업을 거친 생산물의 재산권은 제3원칙에 따라야 획정이 가능하다.

2. 재산권 구조의 유인부합성

재산권 구조가 일단 결정되면 개인은 자신의 행동 결과 가운데 자신의 것이 얼마만큼 될 것인지를 가늠할 수 있다. 각 행동의 득실을 파악할 수가 있는 것이다. 개인의 재산권을 보호하는 사회의 자유방임은 사람들로 하여금 자신에게 가장 유리한 행동을 선택하도록 허용한다. 이렇게 각자 사적 이익을 추구하도록 결정된 개인의 행동은 상호작용을 통해 엮이면서 특정한 사회적 상태를 실현한다. 재산권 구조가 다르면 개별 행동을 달리 유도하기 때문에 실현되는 사회적 상태도 서로 다르다. 각자 정해진 재산권에 따라서 행동한 결과가 사회적 목표에 서로 부합하도록 실현되면 그 재산권 구조는 합당하다고 말할 수 있다.

사회주의적 계획경제는 개인의 행동을 사회가 직접 결정하여 강제함으로써 사회적 목표를 실현하려고 한다. 강제적 시행은 반드시 감시비용의 문제를 불러온다. 그러나 완벽한 감시는 불가능하기 때문에 개인의 일탈을 완전히 통제할 수는 없다. 중국의 인민공사와 같은 공산주의 체제의 실험은 사람들이 일을 열심히 하지 않는 사태를 결국 통제할 수 없었기 때문에 실패로 끝났다. 이 경험은 계획당국이 직접 개인의 행동을 구체적으로 결정하여 강요하는 방식은 개인들의 사적 유인과 배치하기 때문에 반드시 실패한다는 것을 보여주는 역사적 사례로 남아 있다.

재산권은 '사적으로 누릴 수 있는 범위'를 사회가 정해주는 것이므로 같은 개인이라도 사회가 재산권을 어떻게 규정하는가에 따라서 그 행동이 달라질 것이다. 재산권 구조가 잘못 설정되면 원래 의도했던 사회적 가치의 실현을 오히려 저해하는 개별 행동을 유발할 수도 있다. 사회가 개인의 행동반경을 아무리 축소하더라도 사람들은 결국 그 범위 내에서는 자신의 사적 이익을 추구하기 때문이다.

바람직한 재산권 구조라면 각 개인의 사적 이익 추구가 공익의 실현으로 귀결되도록 유도해야 한다. 사람들로 하여금 자발적으로 공익 실현에 나서도록 재산권이 획정되어야 하는 것이다. 자신의 이익을 추구하는 개인의 사적유인(私的誘因, private incentive)과 사회적 가치를 실현하려고 하는 공적유인(公的誘因, public incentive)이 배치되지 않고 서로 부합하는 유인부합성(誘因附合性, incentive congruousness)이 필요한 것이다. 유인부합적 재산권은 그 사회가 지향하는 사회적 가치에 따라 다를 것이고 또 어떤 경우에는 획정 불가능할 수도 있다.

3. 시장에 의한 재산권 결정

사회적 합의는 현존하는 자원과 노동력의 재산권을 특정한 형태로 획정한다. 이 재산권 구조에 따라서 사람들은 각자 자신이 소유한 자원을 투입하여 새로운 생산물을 공동으로 생산한다. 분업에 참여한 사람들은 특정한 방식에 따라서 공동 생산물을 나누는데, 이 방식은 강제된 것일 수도 있고 참여자들의 합의에 의한 것일 수도 있다. 분배방식의 채택 배경이 어떻든 간에 사람들이 모두 이것을 존중하고 따른다면 사후적 합의를 거친 것과 마찬가지다.

재산권 획정의 대상은 이미 존재하는 자원에만 국한하지 않는다. 공동 생산물을 나누는 방식 역시 새롭게 만들어진 생산물의 소유권을 획정하기 때문이다. 재산권 구조는 기존 자원뿐만 아니라 앞으로 생산될 성과물까지 포함하여 관리한다. 그리고 모든 사람들이 인정하고 따라야 효력을 발휘하는 사회제도다.

시장교환은 매매 쌍방 간에 교환하는 상품의 소유권을 이전하는 행동이다. 시장가격은 거래상품의 가치를 결정하기 때문에 사고파는 사람 각자의 몫이 얼마인지를 결정하는, 즉 재산권을 획정하는 기능을 발휘한다. 그러므로 시장은 사회적 합의를 통하여 재산권을 획정하는 하나의 방식이다.

사회의 목표를 자원배분의 효율성에 두는 경우에 시장을 통한 재산권 결정 방식은 제한적이기는 하지만 유인부합적일 수 있음이 알려져 있다. 시장교환은 각자 소유한 재산을 맞바꾸는 형태로 전개되는 동시에 새로 창조되는 이익의 재산권을 거래 당사자 간에 나누기도 한다. 거래계약은 거래를 통하여 얻는 이익을 나누는 거래 쌍방 간의 약속으로서, 거래 당사자들 간의 합의로 재산권을 새롭게 규정한다. 다음의 〈부록〉은 시장에 의한 재산권 결정은 자원배분의 효율성을 구현하며 외주방식의 공동 생산은 효율성을 구현하는 유일한 방식임을 보여준다. 즉 사회적 가치를 효율성에 두면 시장방식은 유인부합적이고 외주방식만이 유일하게 유인부합적이다.

〈부록〉 외주방식은 유일한 유인부합적 공동생산방식

A와 B가 각각 노력 a와 b를 투입하여 공동으로 f(a, b)를 생산한다. 각자가 소비하는 생산물을 각각 x_A와 x_B라고 표시하면 개인 A와 B의 효용함수는 각각 $U^A(x_A, a)$와 $U^B(x_B, b)$로 결정된다. 베르그송 사회후생함수를 $W(u^A, u^B)$로 표기하자. $U^A_1 > 0$ 및 $U^B_1 > 0$이고 $U^A_2 < 0$ 및 $U^B_2 < 0$이며, $W_1 > 0$ 및 $W_2 > 0$ 이다. 단 함수의 하첨자 $_i$는 해당 함수의 i번째 변수에 대한 1계편도함수다. 개인 A와 B는 각각 노력 a와 b를 투입하여 f를 생산하고 이것을 x_A와 x_B로 나누어 소비하는데, x_A와 x_B는 효용을 낳고 a와 b는 비효용의 부담을 준다. x_A를 먼저 정해놓으면 당연히 $x_B = f(a, b) - x_A$로 될 것이다. 이제 효율적 배분이 갖추어야 할 효율성 조건을 도출해보자. 사회후생함수 $W(u^A, u^B)$의 값을 최대화시키는 x_A, a 그리고 b를 선택하면 사회적 효율상태가 실현된다. 최대화 문제

$$\max_{x_A, a, b} W(U^A(x_A, a),\ U^B(f(a, b) - x_A, b))$$

의 1계조건은

$$W_1U^A_1(x_A, a) - W_2U^B_1(f(a, b) - x_A, b) = 0 \quad (1)$$

$$W_1U^A_2(x_A, a) + W_2U^B_1(f(a, b) - x_A, b)f_1 = 0 \quad (2)$$

$$W_2U^B{}_1(f(a, b) - x_A, b)\, f_2 + W_2U^B{}_2(f(a, b) - x_A, b) = 0 \tag{3}$$

으로 주어진다. 식 (1)과 (2)는

$$U^A{}_1(x_A, a)f_1 + U^A{}_2(x_A, a) = 0 \tag{4}$$

을 낳고 식 (3)은

$$U^B{}_1(f(a, b) - x_A, b)f_2 + U^B{}_2(f(a, b) - x_A, b) = 0 \tag{3'}$$

으로 간소화된다. 식 (1)은 사회후생함수 W의 구조에 의존한다. 각 개인별 효용에 대하여 단조 증가하는 사회후생함수의 구체적인 모습에 무관하게 항상 성립하는 식 (4)와 (3')는 효율성 조건을 구성한다. 다만 개인 A의 몫 x_A의 크기는 W의 구체적인 구조가 정해지면 식 (1)을 고려하여 결정되는 것이다.

개인 1과 2가 공동생산의 결과로 얻게 되는 생산물을 두 사람 간에 나누는 방식은 결국 공동생산물에 대한 재산권을 결정한다. 그리고 분배방식이 재산권을 결정하면 각자는 이에 따라서 자신에게 가장 좋은 결과를 얻도록 행동한다.

[1] 합자회사의 분배방식

먼저 두 사람이 생산물의 k만큼을 A가 가지고 (1−k)만큼을 B가 가지기로 하는 분배방식을 생각해보자. A가 k만큼 출자하고 B가 (1−k)만큼 출자한 합자회사는 이러한 분배방식을 따른다. 주식회사의 경우도 마찬가지다. 그러면 개인 A는 B의 노동량 b에 대하여 자신의 효용 $U^A(kf(a, b), a)$를 최대화시키는 a를 선택할 것이다. 그러나 그 1계조건은

$$kU^A{}_1(kf(a, b), a)\, f_1(a, b) + U^A{}_2(kf(a, b), a) = 0$$

으로서 k=1이 아닌 한 (4)와 다르다. 개인 B에 대해서도 같이 설명된다. 즉 사회후생함수 W의 구조를 어떻게 책정해주더라도 효율성 조건을 충족하지 못한다. 그러므로 사전에 개인 간 분배율을 정해주는 재산권 규정은 각자 자발적으로 사회적 효율성을 실현할 유인을 제공하지 못한다. 효율성을 실현하려면 효율조건 (4)와 (3')를 충족하는 노력 수준 a와 b까지도 사전에 정해주고 각자가 실제 노력을 그대로 투입하도록 조치해야 한다. 그러나 그 값을 결정하기가 현실적으로 불가능하고, 정해준다고 하더라도 위에서 살펴본 대로 유인부합적이지 못하다. 그러므로 생산물을 일정 비율로 개인 간에 나누기로 하는 재산권 규정은 효율적 경제활동을 유도하지 못한다고 할 수 있다.

그렇다면 이 단순한 공동생산의 경우에 효율성을 보장하는 재산권 구조는 없는가? 있다. 바로 시장에서 노동을 거래하는 임노동 방식이다.

[2] 시장거래의 방식

개인 A가 단위당 임금 w를 지불하고 개인 B의 노동 b를 구입한다고 하자. 그러면 공동으로 생산한 f(a, b) 가운데 f(a, b) − wb가 개인 A의 몫으로 남는다. 재산권을 이렇게 책정하면 개인 A는 자신의 효용함수 $U^A(f(a, b) - wb, a)$를 최대로 하는 a*와 b'를 선택한다. 그 1계조건은

$$U^A{}_1(f(a^*, b')-wb', a^*)f_1(a^*, b') + U^A{}_2(f(a^*, b')-wb', a^*) = 0 \qquad (5)$$

와

$$U^A{}_1(f(a^*, b')-wb', a^*)(f_2(a^*, b')-w) = 0,$$

즉

$$f_2(a^*, b') - w = 0 \qquad (6)$$

이다. 여기에서 b'는 B의 노동에 대한 A의 수요를 나타낸다. 그리고 B는 $U^B(wb, b)$를 최대화하는 b*를 선택하므로 그 1계조건은

$$U^B_1(wb^*, b^*)w + U^B_2(wb^*, b^*) = 0 \tag{7}$$

이다.

식 (6)은 b에 대한 개인 A의 수요 b'를 결정하고 식 (7)은 공급 b*를 결정한다. 식 (6)과 (7)은 수요 b'와 공급 b*가 각각 임금 w의 연속함수임을 뜻한다. 따라서 B의 노동 b에 대한 초과수요 역시 임금 w의 연속함수다. 따라서 b에 대한 수요와 공급을 b' = b*가 되도록 일치시키는 w*의 값이 존재하고 이 경우에 식 (6)과 (7)은, 수요공급이 일치하는 수준의 b를 b*로 표현하면

$$U^B_1(w^*b^*, b^*)f_2(a^*, b^*) + U^B_2(w^*b^*, b^*) = 0 \tag{7'}$$

으로 귀결된다. 따라서 식 (5)와 (7')는 효율성 조건을 충족하는 것이다.

물론 위의 경우와는 달리 개인 B가 개인 A의 노동을 구입하는 방식도 물론 있다. 이 경우에는 일반적으로 개인별 노동제공 내역과 누리는 분배 몫이 달리 결정된다. 그러나 생산함수 f가 (a, b)에 대하여 1차동차(즉 규모수익불변)이면 개인 A가 받는 시간당 임금이 $w' = f_1(a^*, b^*)$로 결정되고 각자 투입하는 노동과 생산물의 분배 내용은 개인 A가 B를 고용하는 경우와 정확히 일치한다.[1)]

이처럼 공동생산에서 시장임금 결정방식에 따라서 재산권이 정해지도록 해두면 사적 이익을 추구하는 개인의 자발적 행동의 결과로 생산활동의 효율성을 도모할 수가 있다. 시장방식은 각자 자발적으

---

1) 이 사실은 오일러(Euler)의 정리를 활용하면 간단히 증명된다. 즉 $f(a^*, b^*) = f_1(a^*, b^*)a^* + f_2(a^*, b^*)b^*$이므로 $f(a^*, b^*) - wb^* = f(a^*, b^*) - f_2(a^*, b^*)b^* = f_1(a^*, b^*)a^* = w'a^*$이다. 그러므로 식 (5)가 성립한다. 나머지는 그대로 성립한다.

로 행동하는 데 의존하기 때문에 감시비용과 같은 별도의 시행비용이 필요 없다. 다만 시장방식은 여러 개의 가능한 효율상태 가운데 특정한 상태를 선택적으로 실현한다. 가령 위의 예에서 f가 1차동차가 아니면, 누가 고용주가 되는가에 따라서 후생의 분배가 달라진다. 시장이 선택한 결과에 대한 후생 평가는 좀 더 많은 요인들을 고려해야 할 것이다.

시장 방식과 다른 방식으로는 효율성을 보장할 수 없을까? 위의 예에서 개인들의 행동 a와 b의 수준을 효율성을 보장하도록 정해 놓고 그 수준대로 행동하도록 강요하는 방식이 유인부합적이 아님은 이미 지적한 바 있다. 그러므로 어느 한 사람이 다른 사람의 노력을 외주(outsourcing)하지 않는 가운데 두 사람이 자신의 행동을 자유롭게 선택하는 방식을 알아보자. 두 사람이 공동생산한 결과물은 결국 두 사람 간에 적절하게 나뉘어야 한다. 분배 내역은 궁극적으로 각자 얼마만큼 노력하였고 그 결과 얼마나 생산되었는지에 따라서 다르게 결정될 수밖에 없다. 만약 각자의 몫이 노력과 무관하게 정해진다면 그 사람은 자신의 노력 수준을 0으로 결정할 것이다. 그러므로 개인 A의 몫을 g(a, b)로 표기하기로 한다. B의 몫은 당연히 f(a, b) − g(a, b)이다. 두 사람은 상대방의 노력 수준이 결정되면 각자 자신의 이익이 최대가 되도록 노력할 것이므로 A는 자신의 효용 $U^A(g(a, b), a)$를 최대로 하는 a를 선택한다. 최대화의 1계조건은

$$U^A{}_1(g(a, b), a)g_1(a, b) + U^A{}_2(g(a, b), a) = 0 \tag{8}$$

이다. B의 효용 $U^B(f(a, b)-g(a, b), b)$에 대한 최대화 1계조건은

$$U^B{}_1(f(a,b)-g(a,b),a)(f_2(a,b)-g_2(a,b)) + U^B{}_2(f(a, b)-g(a,b),a) = 0 \tag{9}$$

두 식 (8)과 (9)가 효율성 조건을 충족하려면

$$g_1(a, b) = f_1(a, b) \ \text{및} \ g_2(a, b) = 0$$

이어야 한다. 첫 번째 등식을 a에 대하여 적분하면 $g(a, b) = f(a, b) - c(b)$를 얻는다. $\{-c(b)\}$는 적분상수로서 변수 a에 대한 적분인 만큼 당연히 b의 함수로 표현해야 한다. 이 식을 두 번째 식에 적용하면 $g_2(a, b) = f_2(a, b) - c'(b) = 0$의 결과를 얻는다. 이제 $g(a, b) = f(a, b) - c(b)$와 $f_2(a, b) - g_2(a, b) = c'(b)$를 식 (9)에 대입하면

$$U^B{}_1(c(b), a)c'(b) + U^B{}_2(c(b), a) = 0 \qquad (9')$$

의 결과를 얻는다. 식 (9')는 정확히 A가 B에게 c(b)만큼의 대가를 지불하면서 노력 b를 외주하는 경우에 나타나는 결과다. 대가 c(b)가 임금 w에 대한 선형함수가 아니라는 점만 다를 뿐 노력 b를 외주한다는 점에서는 아무 차이가 없다. 즉 효율적 협력을 이끌어내는 유일한 분배방식은 한 사람이 다른 사람의 노력을 외주하는 것뿐이다. 시장을 통한 외주는 $c(b) = wb$로 책정하는 특수한 경우로서 공동생산을 효율적으로 이끄는 데 매우 효과적인 유인부합적 방법인 것이다.

재산권은 관련 당사자들의 합의를 거쳐야 공인된다. 그러나 위의 합자회사 방식은 재산권이 쌍방 간 합의로 결정되었지만 효율성 실현에 반드시 유인부합적이지는 않음을 보여준다. 그런데 어느 한쪽이 다른 한쪽을 임금노동자로 고용하고 수요공급의 법칙에 의하여 임금을 결정하는 시장방식이 유인부합 재산권을 규정한다는 결과는 실로 의미심장하다. 효율적 경제운영을 위해서는 시장방식이 매우 유용한 것임을 뜻하기 때문이다. 경제발전이 효율적 경제운영을 거쳐서 실현될 수 있는 목표라면 시장을 외면하는 발전전략은 그만큼 그 효능도 부진할 것이다.

4. 이기심과 시장경쟁

시장의 형성은 사회적 분업(social division of labor)을 전제로 한다. 각 개인은 특정 상품(들)의 생산을 전문화하고 그 생산물을 원하는 사람들에게 판매하여 얻은 소득으로 자신이 원하는 제품을 구입하는 것이다. 물론 시장교환을 통하지 않는 사회적 분업도 가능하고, 미미한 규모의 교환은 반드시 사회적 분업을 전제로 하지 않는 경우도 있다. 자급자족체제의 개인도 남고 모자라는 것은 유무상통의 형태로 교환에 참여하겠지만 그 규모는 미미하다. 그러나 대대적 시장교환은 사회적 분업이 본격화하지 않은 사회에서는 나타나기 어렵다. 특정 상품의 생산에만 전념하는 개인들이 없다면 대규모 교환을 뒷받침할 대량생산이 불가능하기 때문이다.

시장교환은 기본적으로 대가를 받고서 상대방이 원하는 상품을 제공하는 과정이다. 그러므로 시장에서 돈을 벌려면 다른 사람들이 원하는 일을 적은 비용으로 수행할 수 있어야 한다. 내가 소득을 얻으려면 반드시 남이 원하는 일을 해야 하는 곳이 시장이다. 사람들은 자신의 소득을 위해서라도 다른 사람들이 무엇을 원하는지를 알아내야 하고 그것을 값싸게 만드는 방법을 개발해야 한다. 원래 인간의 이기심은 자신의 이익만 추구할 뿐 다른 사람들의 이해득실은 고려하지 않는다. 그런데 다른 사람의 사유재산을 침탈할 수 없도록 재산권이 잘 보호되고 있는 사회라면 시장교환에서 이익을 얻을 수 있는 유일한 길은 다른 사람들이 필요로 하는 일을 하는 것이다. 그러므로 사유재산권 보호가 잘 이루어지고 있는 사회에서 시장은 사람들의 이기심을 이끌어 다른 사람들의 이익 증진에 기여하도록 유도하는 사회적 기제다.

갓 구운 빵과 잘 익은 비프스테이크에 향기로운 포도주를 곁들인

내 저녁식사는 빵가게, 고깃간, 그리고 술가게 덕분이긴 하지만 이들은 특별히 내 저녁식사를 위하여 내게 봉사한 것이 아니라 자신들의 생활을 위하여 일했을 따름이다(Smith, 1776). 각자 자신의 이익만을 추구한 행동이 다른 사람들의 필요를 충족시키는 데 기여한 것이다. 시장교환의 유인부합성은 바로 이러한 특성을 지칭하는 말이라고 할 수 있다.

남을 도와야 내가 이익을 얻을 수 있는 곳이 시장이라면 나는 남을 도울 기회를 많이 확보해야 더 많은 이익을 얻을 수 있다. 그러므로 시장에서 사람들은 자신이 남을 도울 기회를 찾고 유지하고 확대하려고 노력한다. 남을 돕는 한편 내 기회를 탐내는 경쟁자를 몰아내야 내가 남을 도울 수 있는 기회를 유지하고 확대할 수 있는 곳이 시장이기도 하다.

시장에서 내가 돕는 사람은 나에게 그 대가를 지불한다. 사람들은 자기가 원하는 일을 가장 싼 대가를 받고 수행하려는 사람에게 일을 맡기기 마련이다. 같은 품질의 상품이라면 더 싼 값을 받는 판매자에게서 구입하려고 하는 것이다. 따라서 경쟁사업자들이 서로 고객을 확보하려는 경쟁은 자신의 일에 대한 대가를 더 낮게 받으려는 경쟁으로 전개된다. 이 경쟁에서 승리한 사람은 그 일을 맡게 되지만 실패한 사람은 다른 일거리를 찾아야 한다.

자원의 희소성(scarcity)은 사람들로 하여금 그 최선의 용도를 찾아서 선택하도록 유도하고, 자원이 부족한 상태가 되면 경쟁이 발생한다. 모자라는 것을 서로 가지려는 경쟁은 여러 가지 형태로 전개될 수 있지만, 시장의 경쟁규칙은 자기 몫을 더 많이 포기하는 사람에게 부족한 자원을 배정한다. 부족한 상품을 서로 얻으려는 경쟁은 더 높은 가격을 지불하는 사람에게 그 상품을 배정하며, 부족한 판매기회는 더 낮은 가격으로 팔려는 사람에게 배정된다. 결국 시장경쟁은 팔려는 경쟁에서는 더 낮은 가격을, 그리고 사려는 경쟁에서는 더 높은 가격을 부르는 사람에게 기회를 부여하는 호가경쟁(呼價競爭, bidding competition) 방식으로 전개된다.

그러므로 호가경쟁의 규칙이 관철되는 시장경쟁에서 도태되는 사업자는 시장이 원하지 않는 일을 한 사업자이거나 같은 일이라도 다른 경쟁사업자보다 더 높은 대가를 받아야 사업을 수행할 수 있는 사업자뿐이다. 또 시장경쟁은 다른 사람들보다 더 많은 대가를 지불할 만큼 더 절실하게 원하는 사람에게 그 상품을 배정한다. 호가경쟁은 사람들이 원하는 일을 남보다 더 적은 대가를 받으면서도 수행할 수 있는 사람에게만 그 일을 맡기고 일의 성과는 이것을 가장 절실하게 원하는 사람에게만 배정하는 것이다. 남보다 더 적은 대가를 받는데도 사업을 유지할 수 있다면 그 사업자는 그만큼 자원을 적게 소모하면서 사회적 필요를 충족하는 사업자라고 할 수 있다. 시장경쟁은 사회적 필요를 충족하기 위해 자원을 가장 적게 소모하는 사업자들을 골라서 해당 사업을 맡기는 형태로 사회적 분업을 이끌어간다.

경쟁사업자를 몰아내는 시장경쟁은 결국 승자가 경쟁자의 일거리를 빼앗기 때문에 일견 다른 사람을 해치면서 자신의 이익을 도모하는 행위처럼 보인다. 그러나 도태될 사업자를 그대로 두려면 상품의 가격을 그만큼 높게 책정해야 하는데, 이렇게 되면 소비자들은 더 낮은 가격으로도 구할 수 있는 상품을 더 비싼 값을 치르고 구입해야 한다. 도태될 사업자를 보호하면 이 사업자가 소비자들을 해치는 결과가 되는 것이다. 그러므로 시장경쟁은 비효율적인 사업자를 다른 일에 배치함으로써 이들이 소비자들을 해치지 못하도록 만드는 장치라고 할 수 있다.

5. 재산권 보호와 시장

그러나 남의 것을 탈취하는 방식으로도 자신의 이익을 증진시킬 수 있다. 다른 사람들의 이익을 탈취하여 자신의 이익을 늘리는 행동은 개별적 또는 제도적으로 시장교환의 과정을 왜곡함으로써 나타나는데, 그 유형에는 사취(詐取, cheating), 편승(便乘, free-riding), 약탈(掠奪, predation) 등이 있다. 자신의 이익을 위하여 남을 해치는 행위가 만연하면 시장은 정상적으로 작동하지 못하고, 그 정도가 심하면 아예 시장이 형성되지도 않는다. 시장이 사람들로 하여금 다른 사람들의 필요를 충족하는 방식만으로 자기 이익을 얻게 만들려면 국가가 나서서 남의 것을 탈취하지 못하도록 조치해야 한다. 재산권 보호를 강화해야 하는 것이다. 이미 앞에서 지적한 바와 같이 국가의 강력한 사유재산권 보호는 이기적 개인들로 하여금 남의 재산을 넘보지 못하게 하면서 자신의 이익을 추구하도록 유도한다.

'사취'는 거래 상품의 품질을 속이는 행위다. 전통적으로 이러한 사취행위가 많이 나타난 부문은 의약품이나 내구재, 그리고 각종 금융상품의 교환이다. 보건의료법, 제조물책임법, 그리고 각종 금융규제는 결국 해당 부문의 사취행위를 막기 위한 재산권 보호 조치의 기능을 수행한다. '편승'은 아무 기여도 하지 않은 사람이 다른 사람이 노력한 성과를 가로채는 행위다. 다른 사람이 함께 소비하는 것을 배제할 수 없는 공공재(public goods)의 조달 과정에서 많이 나타나며, 방만하게 설계된 사회복지제도도 많은 편승행위를 유발한다. '약탈'은 말 그대로 약탈이다. 약탈은 강자가 협상력을 남용하여 일의 대가를 일방적으로 자신에게 유리하게 결정하는 경우에도 발생한다. 사용자가 근로자를 착취하고, 기업들이 합병이나 담합으로 독점가격을 책정하고 소비자를 수탈하는 행위가 이에 속한다. 노동관계법과 경쟁법은 이러한 약탈행위를 근절하기 위하여 제정된 법들이다.

재산권 보호가 부실한 상태에서 전개되는 시장경쟁은 호가경쟁의 질서를 무너뜨린다. 예컨대 주유사업을 겸하는 독점 정유사업자가 자기보다 더 효율적인 경쟁 주유사업자에 대한 석유 공급조건을 불리하게 만들면 최종적으로 주유사업의 경쟁자를 퇴출시킬 수도 있다. 주유사업까지 독점할 목적으로 이처럼 부당한 수단을 동원하여 더 효율적인 경쟁 사업자를 몰아내면 호가경쟁의 규칙은 무너진다. 그리고 비효율적 사업자를 도태시키지 않고 보호하는 것과 같은 결과가 되기 때문에 최소의 자원을 소모하여 사회의 필요를 최대한 충족하는 사회적 분업 구조가 훼손되는 것이다. 협상력을 부당하게 강화하는 비효율적 사업자의 행위는 본질적으로 소비자들의 재산권을 약탈하는 행동으로서, 이것을 통제해야 시장경쟁이 호가경쟁의 정당한 규칙에 따라서 전개될 수 있다.

6. 재산권 보호 수준에 비례해서 발달하는 시장

보편적 윤리 규범은 '나 혼자 만든 것은 내 것'이라는 원칙을 받아들인다. 즉 사유재산권 제1원칙을 수용하는 것이다. 무인도에 표착한 로빈슨 크루소가 만든 가죽옷은 당연히 그의 것이다. 각자 필요한 것을 스스로 만들어 쓰던 시대에 내가 만든 것은 당연히 내 것일 수밖에 없다. 자급자족의 시대에는 물건별로 누가 만들었는지가 분명한 만큼 어느 물건이 누구의 것인지도 분명하다. 이처럼 만든 사람이 분명하여 그 소유권이 분명하게 드러나는 물건을 '노동집약재(labor-intensive goods)'라고 부른다(Olson, 2000). 노동집약재의 경우에는 사유재산권 제1원칙만으로도 재산권 획정이 가능하다.

그러나 분업이 발달하면서 나 혼자 만드는 물건은 점차 사라지고 공동으로 생산하는 제품이 많아졌다. 그 결과 내가 과연 무엇을 얼마만큼 만들었는지를 객관적으로 입증하기가 매우 어려운 상황이 되었다. 단순히 내가 만들었으므로 내 것이라는 제1원칙만으로는 재산권을 명확히 하기 어렵게 된 것이다.

내가 만든 것은 내 것이라는 자급자족사회의 원칙을 분업사회로 연장해서 적용한다면 분업으로 공동생산한 결과물은 분업에 참여한 사람들만의 것이다. 해당 분업에 참여하지 않은 사람들은 결과물의 소유로부터 배제된다. 그러나 공동생산의 결과를 각 참여자 간에 어떻게 나눌까는 전혀 새로운 차원의 문제다. 분업생산의 결과에 대한 재산권은 전통적 자급자족시대의 원칙으로는 결코 획정하지 못한다. 결국 분업에 참여한 사람들 간의 합의로 결정할 수밖에 없다.

분업사회의 재산권이 효력을 발휘하려면 사회 전체가 이것을 실제로 인정해야 한다. 결국 사전적이든 사후적이든 간에 사회적 합의(social consensus)가 그 사회의 재산권 구조를 결정하는 것이다. 노동집약재의 재산권에 대한 사회적 합의는 쉽게 도출되지만 고도화된 분업체제의 생산물에 대해서는 재산권의 사회적 합의를 도출하기도 어렵고, 그 때문에 재산권 보호와 거래계약 시행도 그만큼 어려워진다. 사유재산권 제1원칙에 더하여 제3원칙이 추가로 필요한 것이다. 노동집약재에 대해서는 국가권력이 따로 개입하지 않더라도 재산권과 거래계약이 사회적으로 존중받지만 그렇지 않은 현대적 분업체제의 생산물[4]에 대해서는 그 재산권을 보호하기 위하여 국가권력의 더 적극적이고 세련된 개입이 필요하다.

정부는 재산권을 직접 보호하기도 하지만 재산권 보호를 위하여 마련한 각종 제도가 제대로 작동하도록 강제시행을 보장함으로써 간접적으로 보호하기도 한다. 국제무역은 수입업자가 은행에 수입대금을 예치하여 신용장(信用狀, L/C)을 개설하면, 해당 은행이 수출업자

4. Olson(2000)은 이러한 재화를 권리집약재(right-intensive goods)라고 불렀다.

에게 이 사실을 통보하고 수출업자는 수출상품의 선적을 마친 후 선하증권(船荷證券, B/L)을 은행에 제출하고 수출대금을 인수하는 방식으로 대금결제를 하도록 하는데, 이것은 원거리 거래에서 재산권을 보호하기 위한 제도다. 금융거래에서 담보설정과 지불보증은 현재와 미래 시점 간의 거래에서 재산권 보호를 목적으로 한다. 정부는 이러한 제도가 정상적으로 작동하도록 그 강제시행을 보장함으로써 시장거래 과정에서 발생할 수 있는 재산권 침탈 사태를 예방한다.

재산권 보호가 매우 불완전하여 시장교환의 과정이 각종 탈취의 위험에 노출되어 있으면 교환의 이익은 줄어들고 오히려 손해를 볼 가능성이 커지는 일까지 생긴다. 따라서 사람들은 시장교환에 참여하는 일을 주저하게 되고 시장의 범위와 깊이도 그만큼 제한되기 마련이다. 금융시장은 사취당할 위험이 높은 시장이다. 따라서 다른 시장과는 달리 각종 건전성 규제와 같이 사취의 위험을 줄이는 제도적 장치가 필요하다. 금융시장이 개도국에서 부진한 까닭은 자금원이 부실할 뿐만 아니라 개도국들이 이러한 제도적 장치를 갖추고 있지 못하기 때문이다.

일반적으로 재산권 보호 체제가 매우 부진한 개도국의 시장은 선진국 시장과는 비교할 수 없을 정도로 초보적 수준에 머물러 있다. 노동집약재나 거래하는 재래시장 수준을 넘어서지 못하는 까닭은 국가가 나서지 않더라도 사람들이 자발적으로 사유권을 서로 인정해주는 재화가 노동집약재이기 때문이다. 낙후된 시장이 이끄는 사회적 분업도 그만큼 부진하고 이에 따라 국가경제의 생산성도 그만큼 낮은 것이다.

7. 시장대행형 개입과 시장촉진형 개입

경제발전은 기본적으로 생산력을 확대하는 과정이다. 자본과 기술은 생산력을 구성하는 핵심요인이므로 경제발전을 위해서는 자본을 축적하고 기술력을 배양해야 한다. 개인이 더 좋은 기술력과 더 많은 자본을 갖추면 생산력은 그만큼 높아진다. 그런데 현대의 생산활동은 사회적 분업체계 속에서 이루어진다. 같은 인력이라도 분업체계가 이들을 능률적으로 조직하면 생산력을 훨씬 더 높일 수 있다. 그러므로 경제발전의 핵심은 자본축적과 기술력배양에 더하여 분업체계의 효율성을 높이는 데 있다.

시장경제에서는 시장이 사회적 분업을 주도하므로 시장의 발전 정도가 분업체계의 효율성을 좌우한다. 그러므로 개도국 시장경제의 경제개발을 개도국의 후진적 시장에만 맡겨둔다면 그 성과는 그만큼 부진할 수밖에 없다. 오히려 개도국 경제개발은 시장에 의존할 것이 아니라 후진적 시장을 개조하여 사회적 분업을 더 잘 이끌어가도록 만드는 데에 목표를 두어야 한다.

그런데 시장개조의 요체는 시장이 제대로 작동하도록 재산권 보호를 강화하는 것이다. 만약 후진적 시장구조가 재산권을 침탈할 가능성이 높고 이것을 단기간 내에 개선하기 어렵다면 정부가 시장의 역할을 대신할 수밖에 없다. 이 경우에 정부의 시장개입은 시장의 역할을 대신하는 시장대행형(market substituting mode)으로 펼쳐진다. 그러나 가능한 한 정부개입은 시장이 제대로 작동하지 못하는 원인을 제거함으로써 시장을 촉진하는 시장촉진형(market promoting mode)으로 전개되어야 한다. 시장대행적 정부개입은 한시적이어야 하며 장기적으로 모든 정부개입은 시장촉진적이어야 하는 것이다. 그러나 현실적 사례를 보면 시장대행적 개입이 시장촉진적 개입을 가로막음으로써 경제개발을 지연시키는 경우가 많다.

비슷한 수준의 경제개발 단계에 처한 한국과 멕시코는 이러한 점에서 매우 대조적인 사례다. 자원빈국인 한국은 정부의 강력한 개발정책에 힘입어 단기간에 산업화를 성취하였지만, 자원부국인 멕시코는 정부의 개입에도 불구하고 산업국으로 도약하지 못한 채 고전하고 있다. 그 이유는 여러 가지 배경에서 추적해볼 수 있지만 시장에 대한 양국의 정부개입 특성에서도 잘 나타난다.

한국의 경제개발 과정에서 나타난 정부개입은 실물부문에서는 본질적으로 시장촉진적이면서 금융부문에서는 시장대행적이었다. 이에 비하여 멕시코의 정부개입은 모든 영역에서 시장대행적이었다. 한국의 고도성장은 실물부문에 대한 시장촉진적 정부개입의 성과이지만 1997년 말의 대환란은 그 근원을 금융시장에 대한 시장대행적 정부개입에서 찾을 수 있다. 이에 비하여 멕시코는 영속화한 시장대행적 개입이 부정적인 결과를 양산해오다가 몇 차례의 테킬라 위기(tequila crisis)를 거듭하면서 표류해왔다.

본 연구에서는 1990년 초까지의 경제발전 과정에서 시장에 대한 양국의 정부개입이 어떠한 형태로 전개되었고 그 성과는 어떠하였는지를 밝힐 것이다. 이 분석을 토대로 하여 경제개발의 실효를 거두는 정부개입은 본질적으로 시장촉진형 정부개입이어야 함을 보일 것이다.

III. 시장, 정부개입 그리고 경제발전

시장은 경제성장의 동력인가 아니면 산물인가? 발달한 시장이 경제성장을 촉진한다면 선진국은 개도국에 비해 훨씬 더 높은 성장을 실현하여 선진국과 후진국 간 경제수준의 격차는 더욱더 벌어져야 할 것이다. 사실 선진국과 후진국 간의 1인당 GDP 격차는 날이 갈수록 더욱더 커지고 있다. 가령 산업혁명 직전 당시 세계에서 가장 소득이 높은 나라의 1인당 GDP는 가장 소득이 낮은 나라의 1.5~2.0배였지만(Bairoch, 1993), 요즈음의 소득분포를 보면 선진국들은 수만 달러를 기록하는 데 반하여 최빈국은 천 달러에도 미치지 못한다. 장기적으로 볼 때 경제성장에서 선진국들이 최빈국들보다 더 높은 성과를 실현하고 있는 것은 분명하다. 그러므로 시장의 발달이 경제성장의 동력이라는 명제는 이 사실로 뒷받침된다고 해석할 수도 있다.

그러나 다른 한편으로는 선진국들은 매년 2~3%에 불과한 성장률을 기록하는 데에 비해, 7~9%에 이르는 고도성장을 거듭해왔거나 현재 그러한 성장세를 보이고 있는 개도국들도 있다. 소위 '신흥시장(emerging markets)'으로 분류되는 개도국들로서 아시아의 신산업화

국가(newly industrializing countries, NICs)로 분류되는 싱가포르, 홍콩, 대만, 그리고 한국과 최근의 중국과 인도가 이에 속한다. 고도성장국가들의 공통된 특징은 상대적으로 낮은 성장률을 보이고 있는 선진국에 비하여 국내 시장의 규모와 내용이 매우 낙후된 상태라는 점이다.

이 나라들은 사적 이윤을 추구하는 민간기업 활동을 정부가 정책적으로 지원해왔다는 특징도 공유한다. 기업의 사적 이윤 추구는 시장경제의 핵심요소다. 이들 개도국들이 기업활동을 통하여 경제개발을 시도하였다는 사실은 개발정책이 친시장적이었음을 뜻한다. 그러나 정부가 공공연히 기업활동을 지원하는 경제개발정책은 명백히 시장제한적이다. 고도성장국가들은 이윤동기를 성장동력으로 삼으면서도 시장을 제한하는 경제개발정책을 시행해온 것이다. 신흥시장지역 국가들의 엄청난 고도성장이 해당 국가의 발달한 시장이 이끈 성과라고 말할 수는 없겠지만, 사적 이윤 추구와 같은 시장기제의 기본 유인을 활용하였음은 부인할 수 없다.

1. 시장이 이끄는 경제개발

경제성장이나 경제개발은 국가경제의 다양한 발전을 목표로 하지만 결국 생산활동의 확대를 피해 갈 수는 없다. 특히 경제개발을 목표로 하는 모든 노력은 생산활동을 확대하는 시도에서 출발한다. 사적 이윤 추구를 목표로 삼는 민간기업이 생산활동을 담당하는 경제에서는 장기적으로 이윤이 남는 생산활동만 살아남는다. 그러므로 장기적으로 생산활동이 확대되려면 기업의 이윤획득활동이 확대되어야 한다. 기업이 이윤을 얻으려면 우선 그 제품이 팔려야 한다. 그러므로 기업의 생산규모는 결국 시장수요의 규모가 결정한다. 일찍이 아담 스미스(Adam Smith)는 분업이 노동의 생산력을 크게 개선한다고 지적한

다음 "시장규모가 분업규모를 결정한다(the extent of this division of labor must always be limited ... by the extent of the market)"는 정리를 발표한 바 있는데(Smith, 1776), 이 정리는 시장수요가 일정 수준을 넘어서야 그 상품을 전문적으로 생산하는 사람이 나타나고, 따라서 사회적 분업의 범위가 시장의 크기만큼 확대된다는 뜻으로 인식되기도 하지만(Buchanan, 1992), 시장수요의 크기가 기업 내 분업의 규모, 즉 기업의 생산규모를 결정한다는 의미로 인식되기도 한다(Stigler, 1951; Foley, 2006).

후자의 인식은 기업 내 분업규모의 확대가 기업 생산의 수익증가를 유발한다는 점에 착안한다. 이 인식에 따르면 제품에 대한 시장수요가 증가할 경우 기업 수가 증가하기보다는 기존 기업의 분업규모가 확대되는 결과로 이어진다. 즉 기업은 늘어난 시장수요에 맞추어 자신의 조직을 확대하고 분업체제를 정비하기 때문에 시장규모가 기업 내 분업의 규모를 결정한다는 것이다. 그러므로 시장의 규모가 커지더라도 기업 수는 증가하지 않고 개별 기업의 규모만 증대되기 때문에 경쟁은 오히려 위축된다는 논쟁을 야기하기도 했다.

스미스의 정리를 어떻게 인식하든 이 정리는 선진국의 발달한 시장의 대형 수요는 생산활동을 크게 일으키지만 개도국의 부진한 시장의 수요는 그 규모가 미미하기 때문에 이것이 유발할 수 있는 생산의 규모도 근소한 수준에 그친다는 사실을 지적한다. 시장이 발달한 선진국은 풍요로운데 그렇지 못한 개도국은 빈곤할 수밖에 없는 것이다. 시장규모가 분업규모를 결정한다는 스미스의 정리는 개도국 빈곤의 원인을 개도국 시장이 발달하지 못한 때문이라고 파악한다.

선진국도 국내 시장이 제대로 발달하지 못했던 과거에는 생산이 부진했으나 시장이 점차 발달하여 그 수요가 커지면서 생산규모도 대형화하고 경제생활이 풍요롭게 된 것이다. 분업이 발달하고 그 결과 생산된 잉여생산물을 처리하기 위해 시장이 발달한 것이 아니라,

시장이 발달하면서 시장수요를 충족시키기 위한 생산의 전문화가 사회적 분업을 고도화시킴으로써 경제적 풍요를 창출한 것이다. 즉 선진국의 경제발전은 시장의 발달이 이끌어낸 것이라고 말할 수 있다. 그러므로 이론적으로는 개도국들도 국내 시장이 발달하기를 기다리면 조만간 지금의 선진국들이 누리는 성취를 얻을 수는 있을 것이다. 그러나 그렇게 되기까지 너무나 오랜 시간을 요하기 때문에 개도국들로서는 국내 시장이 발달하기만을 무작정 기다릴 수는 없다.

1) 상품시장과 경제개발

개도국은 부실한 국내 시장이 생산규모의 확대를 촉발하지 못하기 때문에 생산활동이 위축되어 있다. 개도국 기업들이 이러한 애로를 타개하려면 필요한 만큼의 수요를 해외 시장에서 찾으면 된다. 수출을 성장의 엔진으로 삼는 소위 수출주도형 성장(export-led growth) 전략은 개도국이 당면한 내수시장의 수요부족이라는 문제점을 타개하는 해법이었다. 스미스의 정리를 받아들인다면 이 해법은 너무도 당연한 것이었다.

제2차 세계대전 이후 중남미 개도국들이 채택하였던 수입대체형 성장(import-substitution growth)전략은 선진국으로부터 수입하던 공산품을 국산화함으로써 산업화와 성장을 도모하자는 전략이었다. 그러나 수입대체형 성장전략은 선진국의 종속에서 벗어난다는 명분에 집착하여 생산물 시장을 현재 발달상태가 부진한 국내 시장으로만 한정시켰다. 그 결과 국내 시장의 근소한 수요가 생산활동의 규모를 제한함으로써 규모의 경제를 실현할 수 없었고, 결국 실패한 개발전략으로 끝나고 만 것이다.

수출주도형 성장전략은 부진한 국내 시장 대신에 이미 발달해 있는 선진국들의 시장을 이용하는 개발전략이다. 경제성장을 이끌어

가는 것이 국내 시장이 아니라 선진국 시장이지만 선진국 시장도 시장인 만큼 '시장이 이끄는 경제개발'과 전혀 무관한 전략은 아니다. 선진국들의 경제발전 과정은 시장의 발전 과정에 직결되어 있기 때문에 경제발전 속도나 경제성장률은 시장의 발전속도에 의하여 제한을 받는다. 그러나 이미 발달해 있는 선진국 시장을 이용하는 개도국의 경제성장률은 이러한 제한으로부터 자유롭기 때문에 선진국의 경제성장률을 크게 능가하는 초고속성장을 시현할 수 있는 것이다.

개도국 기업들은 선진국 시장의 수요를 생산 확대의 기회로 이용할 수 있지만 선진 시장의 규칙에 미숙하고 기술적으로도 낙후된 상태다. 선진국 시장의 수요를 이용하려면 선진 기업들과 경쟁할 수 있는 상품을 생산하여 수출해야 하는데, 개도국 기업들에게 이것은 결코 쉬운 일이 아니다. 선진기술을 습득하여 생산한 제품을 선진국 시장에 수출하면서 동시에 선진 시장의 제반 관행과 제도를 학습해야 한다. 개도국 정부는 자국 기업들에게 자본과 기술을 조달하는 데 더하여 이들이 선진 시장 질서를 배우고 그에 따라 영업할 수 있도록 보호·육성하는 정책을 펼치기 마련인데, 이러한 정책들은 대체로 시장의 호가경쟁 규칙에 반하는 반시장적 정책이기 쉽다. 개도국의 경제개발정책은 선진국 시장을 이용할 기업들을 반시장적 정책으로 육성하는 내용으로 편성된다.

한편 개도국 상품이 선진국 시장에 진출하는 데 성공하면 개도국의 일거리는 늘어나지만 선진국 기업들은 그만큼의 일거리를 잃는다.[1] 그러므로 개도국의 선진국 시장 참여가 유발하는 즉각적 효과는 개도국의 고용증대와 선진국의 일자리 감소다. 다만 그동안 국제분업에서 소외되었던 개도국이 선진국 분업체제에 참여함으로써 (국

1. 물론 이 개도국에 관련 생산장비를 생산·판매하는 일거리는 당분간 늘겠지만 장기적으로는 일거리를 빼앗긴 선진국 기업들이 폐업할 것이므로 장비 생산의 일거리도 원래의 수준으로 돌아온다.

제)분업의 규모가 확대되고 이에 따라 규모의 경제가 실현되면 결국 선진국과 개도국 모두 이익을 누리는 단계에 진입할 것이다.

여러 개도국들이 수출주도형 성장전략에 따라서 고도성장을 달성하면, 한편으로는 선진국 시장수요의 여력이 점차 소진되고 다른 한편으로는 이들 개도국의 시장도 상당한 구매력을 갖출 것이다. 그러므로 경제개발전략도 수출주도 일방형에서 국내 시장을 활용하는 방향으로 다변화해야 생산확대를 지속적으로 도모할 수 있을 것이다. 그때쯤 되면 후발개도국들의 경제력도 선진국 수준에 어느 정도 접근할 것이고 더 이상 과거와 같은 초고속성장을 시현하지 못하게 된다. 그리고 이들의 경제성장률도 결국 시장이 이끄는 성장속도에 맞추어 제한을 받게 될 것이다.

2) 금융시장과 경제개발

개도국들이 의존하는 선진국 시장은 상품시장에만 국한하지 않는다. 근대적 생산활동을 펼치려고 하는 개도국 기업들은 선진기술과 장비를 갖추어야 하는데 개도국 시장은 선진기술과 장비를 공급할 능력이 없다. 발달한 기술력과 축적된 자본이 없기 때문이다. 그러므로 경제개발정책은 반드시 개도국이 선진국 시장으로부터 자본과 기술을 제공받도록 보장하는 방안을 제시해야 한다. 개도국 기업이 선진국의 자본시장과 기술시장에 접근하는 과정에서 부딪치는 가장 어려운 난관은 자본·기술의 공급자들이 개도국 기업들의 역량과 개도국 투자기회에 대해 잘 모른다는 점이다.

자본과 기술을 제공하는 선진국 공급자들은 자본의 원리금과 기술사용료를 안정적으로 지불해줄 고객들을 찾아서 자본과 기술을 제공하려고 한다. 자본과 기술에 대한 대가를 제대로 지불할 수 있는 고객이라면 첫째 그 자본과 기술로 수행하는 사업의 수익성이 좋아야 하고, 둘째 고객의 신용도가 높아야 한다. 자본과 기술의 공급자들이 고객의 사업내용과 신용도에 대한 정보를 획득하는 일은 일반 상품의 품질을 파악하는 일보다 훨씬 더 복잡하고 정보수집비용도 많이 든다.

같은 비용을 들여서 정보를 수집하더라도 발견하는 합당한 투자기회의 숫자는 나라별로 다르다. 합당한 투자기회가 많을수록 투자사업당 정보수집비용은 줄어든다. 그러므로 같은 정보수집비용으로 발견하는 유망 투자기회의 숫자가 큰 나라는 다른 나라들에 비하여 '정보비용의 경제(economies of information cost)'를 누린다고 정의하자. '정보비용의 경제'는 각국의 정치·사회적 현실, 경제발전 정도, 그리고 경제·사회제도에 따라서 다르게 결정된다.

일반적으로 정치·사회적 정세가 안정되고 투자자본의 일반적 권리가 잘 보장된 나라의 투자기회는 안전하다. 그런데 이런 나라의 고수익 투자기회는 안전한 만큼 이미 투자가 이루어진 뒤이고 남아 있는 것은 저수익 기회뿐이기 쉽다. 반대로 정세가 불안하고 투자자본의 권리가 제대로 보장되지 않은 나라는 고위험도 때문에 고수익 투자기회도 그대로 방치되어 있다.

그러나 대부분의 개도국은 사회정세와 투자자본 권리보장 등 모든 측면에서 선진국에 비하여 현저하게 불리하다. 고수익 투자기회라고 하더라도 투자로 얻은 수익을 투자자가 회수할 수 없을 정도의 고위험도라면 합당한 투자기회가 아니다. 사회적 안정과 투자보장에 실패한 개도국은 결코 '정보비용의 경제'를 누리지 못하는 것이다. 자본·기술의 공급자들이 개도국들의 투자에 관심을 기울이지 않는 것은 이 때문이다. 이처럼 선진시장의 자본·기술 공급자들이 개도국 고객들의 사업내용과 신용도를 조사조차 하지 않으려는 상황에서 개도국 기업들이 이들로부터 자본과 기술을 조달받기는 매우 어려울 수밖에 없다.

만약 개도국 정부가 정치·사회적 안정을 유지하는 데 성공하고 투자자의 권리보호를 제도화한다면 사정은 달라진다. 그동안 방치되었던 고수익 투자기회는 위험도가 낮아지면서 매력적 투자사업으로 변모하기 때문에 해당 개도국의 '정보비용의 경제'가 크게 개선된다. 선진자본은 선진국의 저수익 투자기회를 버리고 이들 개도국의 고수익 투자기회로 몰려오는 것이다. 개도국 정부는 국내 정치 정세를 안정시키고 투자유치제도를 정비하여 자국 기업들이 선진국의 자본시장과 기술시장에 접근할 수 있는 특단의 대책을 마련해주어야 한다.

2. 기업경쟁력 배양의 경제개발정책

개도국 정부가 펼쳐온 경제개발정책은 사회주의 국가들의 국가계획에서 수입대체형 전략을 거쳐서 수출주도형 전략에 이르기까지 매우 다양하다. 구체적인 개발방식에 따라 균형성장과 불균형성장으로 분류하기도 하고, 집중적으로 육성하려고 하는 전략산업이 무엇인가에 따라서 분류하기도 한다. 그러나 세계 각지의 개도국들이 채택한 수많은 성장전략은 대체로 실패로 끝났고 아시아 신산업화 국가들이 채택했던 수출주도형 전략만이 성공한 성장전략으로 평가받고 있다. 많은 개도국들이 경제개발정책을 실험한 결과 수출주도형 전략만이 효과적 성장전략임을 알게 된 것이다. 심지어는 선진국들의 경제정책까지도 수출주도형 성장을 추구하기나 하는 듯 그 나라 기업들의 국제경쟁력을 강화하는 데 초점을 맞추고 있는 실정이다.

지금까지의 경험에 비추어 보면 생산규모와 고용의 확대에 성공한 경제개발정책의 핵심적 실천방안은 기업경쟁력을 강화하여 수출을 늘리는 것이다. 경제개발정책은 결국 민간부문의 경제활동에 정부가 개입하는 형태로 펼쳐지지만 단순한 전방위적 간섭은 결코 성공하지 못하였다. 개발정책은 해외 '시장'에서 국내 기업이 경쟁력을 발휘하도록 만드는 것을 목표로 삼아야 효과를 거둘 수 있는 것이다.[2] 정부는 이 목표를 달성하기 위해 시장변수를 왜곡하는데, 이러한 정부개입은 반시장적이지만 시장폐지형이 아니라 시장대행형이다. 이 반시장적 조치가 추구하는 것은 시장에서 경쟁력을 발휘하는 기업의 육성이라고 하는 친시장적인 목표다. 이 목표를 달성한 후에는 시장대행형 정부개입은 철폐해야 한다.

물론 기업의 경쟁력은 해당 기업이 시장경쟁에 노출된 상태에서 자생적으로 형성되어야 한다. 이 점을 외면하고 특정 기업의 경쟁력을 배양하기 위하여 정부가 시장대행 형태로 개입하는 것은 시장경쟁의 규칙에 분명히 위배된다. 그러나 상품을 생산하는 능력과 경험이 선진국 기업에 비해 몹시 뒤처지는 개도국 기업들이 수출에 성공하여 생산규모를 확대하려면 선진 기업들과의 불리한 경쟁 속에서도 우선 끝까지 살아남아야 한다. 이렇다 할 경쟁력을 갖추지 못한 개도국 기업들이 아무런 대책 없이 국제 시장에서 선진 기업들과 호가 경쟁을 벌인다면 모조리 도태되는 운명을 면치 못할 것이다.

도태되도록 방치하면 경쟁력을 배양하는 것은 불가능하다. 살아남아 생산활동을 계속하면서 현대적 제조업 운영방식을 하나하나 배워나가야 한다. 개도국 정부는 한편으로는 유망한 기업들을 선별하여 이들이 당장에는 손해를 볼지라도 도태되지 않도록 지원해주고, 다른 한편으로는 경쟁력을 효과적으로 배양하도록 독려해야 한다. 개도국 정부가 자국 기업들의 경쟁력을 강화하기 위하여 노력하는 것은 경쟁력 강화라고 하는 시장친화적 목표를 반시장적인 방법으로

2. 서머스(Larry Summers)는 경제개발에 성공한 개도국은 "글로벌 경제와 통합하는 능력, 재정건전성과 통화건전성을 유지하는 능력, 그리고 계약과 재산권을 보호하는 제도적 환경"을 갖추고 있다고 지적하였는데, 국제 경쟁력을 갖춘 국내 기업이 바로 글로벌 경제와 통합하는 국가 능력의 토대를 형성한다고 말할 수 있다(Summers, 2003).

도모하는 지극히 당연한 정책인 것이다.

3. 기업경영능력 확보의 문제

상품을 사주는 것은 구매력이고, 구매력은 인구보다는 소득의 함수다. 인구는 적더라도 소득이 높은 선진국 시장이 가장 유망한 제품 판매 기회를 제공한다. 개도국들이 선진국 수출에 매달리는 것은 이 때문이다. 그러나 제품 품질에 비하여 생산원가가 비싸면 어떠한 시장에서도 환영받지 못한다.

개도국 인력의 임금은 선진국보다 훨씬 저렴하지만 경험이나 기능의 숙련도에서 선진국 인력에 크게 미치지 못한다. 아무리 임금이 싸더라도 개도국 인력이 만든 제품의 품질이 선진국 제품에 비하여 크게 떨어진다면 이러한 제품은 선진국 시장에서 판매할 수 없다. 그러므로 개도국 기업들은 먼저 선진국 시장에 판매할 만한 품질을 갖출 수 있는 제품을 찾아야 한다.

그런데 이 일이 쉽지만은 않다. 우선 개도국 전통산업에서 생산한 제품은 대부분 수출에 적합한 상품이 아니다. 선진국 시장은 개도국의 전통상품을 구입하려는 것이 아니라 선진국 시장에서 이미 유통중인 상품을 더 싸게 사고 싶어 할 뿐이다. 그러므로 개도국 수출기업들은 지금까지 만들어본 경험이 없는 제품을 찾아서 생산하고, 그 제품을 국내 시장이 아니라 해외 시장에 판매해야 하는 것이다. 전통산업 중심인 현재의 경제구조를 수출상품 생산에 합당한 현대적 체제로 바꾸어야 하는데 이는 결코 쉬운 일이 아니다.

과업이 어려울수록 능력 있는 사람이 그 일에 사활을 걸 정도로 진지하게 전력을 기울일 필요가 있다. 가장 좋은 방법은 이 과업을 동기부여가 확실한 기업가에게 맡기는 것이다. 그러나 개도국들의 공통점은 능력 있는 기업가가 크게 부족하다는 점이다. 선진 시장경제에서는 사업기회가 유망하면 이 사업을 시행하는 기업가가 금방 나타나지만 시장이 발달하지 못한 개도국의 경제 사정은 그렇지 않다. 무엇을 생산할지를 결정하고 필요한 설비와 인력을 갖추는 첫 단계에서부터 난관이 첩첩해 있기 때문에 기업을 설립하고 운영하려는 사람들에게는 특단의 능력이 요구된다. 이러한 능력을 갖춘 기업가가 부족하면 저임금 실업자가 넘쳐나도 생산활동은 좀처럼 확대되지 않는 것이다. 정부가 경제를 시장에만 맡겨두지 않고 따로 경제개발정책을 펼쳐서 개입할 수밖에 없는 이유가 여기에 있다.

개도국 경제개발의 첫 단계 핵심적 과업은 결국 생산활동을 확대하는 투자가 일어나도록 만드는 일이다. 그러나 유망한 사업기회를 선별하고 투자를 시행할 능력 있는 기업가들이 없다. 현재 국내에 유능한 기업가가 없다면 해법은 두 가지인데, 하나는 선진국 기업들을 국내에 유치하여 생산설비 투자를 확대하는 것이고 다른 하나는 유망한 내국인 인력을 발굴하여 유능한 기업가로 육성하는 것이다(이승훈, 2005).

1) 다국적기업 유치

선진국의 다국적기업(multinational corporations)을 국내에 유치하려면 국내의 기업환경이 선진시장과 같은 수준의 수익성을 보장하도록 개선되어야 한다. 수송·통신 관련 사회간접자본 건설 등 물적 기반을 확충하는 것은 물론 자발적 교환을 저해하는 각종 규제를 철폐하고 투자기업의 재산권을 철저히 보호하는 조치가 필요하다. 다른 한편으로는 국내에 투자하는 다국적기업에게 조세 감면 등 각종 특혜를 제공하는 경우도 있다.

규제를 정비하여 시장교환을 제한하지 않고 재산권을 보호하는 조치는 시장의 발전을 도모하는 친시장적 정책이다. 모든 투자기업들에게 일률적으로 적용하는 조세감면 같은 특혜조치는 시장경쟁의 공정성을 훼손하지 않으면서 투자를 촉진하므로 역시 친시장적 정책이라고 할 수 있다. 그러나 다른 경쟁 사업자들에게는 베풀지 않는 특혜를 몇몇 다국적기업에게만 제공한다면 이 조치는 시장경쟁의 토대를 훼손하는 반시장적 정책이다. 만약 다국적기업을 유치하는 정책이 반시장적인 배타적 특혜를 제공하는 경우 비효율적 다국적기업을 유치할 수도 있다.

다국적기업은 자본과 기술을 함께 가지고 오는 것은 물론 시장까지도 책임진다. 내국인들은 다국적기업들이 제공하는 일자리에서 노동만 제공하면 된다. 개도국 기업들이 자본과 기술, 시장을 확보하는 일이 결코 쉽지 않음을 감안하면 다국적기업을 유치하는 것은 기업의 경영능력을 확보하는 매우 효과적인 방안이라고 할 수 있다. 내국인들이 기업경영을 주도하지 못한다는 점이 이 방안의 약점이라고 할 수 있지만 다국적기업에 취업한 내국인들은 현장학습의 방법으로 기업경영능력을 습득할 수 있다. 다만 개도국의 산업구조가 다국적기업들의 투자내용에 의하여 결정되므로 개도국 정부가 희망하는 것과는 차질을 빚기 쉬운 점은 달리 보완해야 하는 문제다.

2) 국내 기업 육성

국내에서 유망한 인력을 발굴하여 유능한 기업가로 육성하는 일은 원래 금융시장이 해야 하는 일이다. 금융시장은 기업가의 능력과 투자계획을 검토하여 유망한 사업을 선별하고 필요한 자금을 제공함으로써 그 능력을 발휘하게 한다. 그러나 개도국의 미숙한 금융시장은 유망한 기업을 발굴·육성하는 기능을 제대로 수행하지 못한다. 더욱이 저축이 빈약한 개도국 금융시장인지라 조달 가능한 자금 규모도 절망적이리만큼 근소하다. 아무리 유능한 기업가라고 하더라도 투자할 자금을 확보하지 못하면 생산활동을 전개할 수 없다. 개도국 정부가 유능한 기업가를 육성·활용하려면 국내 금융시장에서 투자 자금을 구하지 못하는 기업가들에게 다른 자금조달경로를 만들어주어야 한다.

국내외 자금을 국내 유망 사업자들에게 이끌어오는 알선 기능은 기본적으로 금융기관이 담당해야 할 기능이다. 개도국에 투자하는 금융기관들은 개도국 내 사업자들의 기업 능력과 개도국의 사업 환경에 대하여 충분히 조사한 후에 유망사업을 선별한다. 그러나 일반적인 개도국의 사업 환경은 대체로 투자가 불가능할 정도로 위험도가 높기 때문에 자금제공 능력을 갖춘 국제금융기관의 관심 대상이 아니다. 개도국의 사업자는 아무리 능력이 출중하고 사업계획이 유망하더라도 자신의 힘만으로는 국제금융기관의 투자 대상이 되기 어렵다.

자금을 조달하는 국제금융시장과 개도국의 유망한 기업가 사이에는 이처럼 구조적으로 깊은 골이 가로막고 있어서 이들을 원활하게 연결해주는 금융이 일반적으로 불가능하다. 그러므로 모든 경제개발정책의 기본은 개도국의 유능한 기업가들이 자금원에 접근하여 필요한 투자자금을 확보할 수 있도록 만들어야 한다. 정부가 유망한 기업을 잘 선별하고 지원하여 국제금융시장이 그 기업의 사업 전망을 인정할 정도로 수익성을 높여준다면 유능한 개도국 기업들의 자금줄을 막는 깊은 골도 메울 수가 있다. 정부의 개발정책에 힘입어 국내의 유능한 기업이 투자 자금원에 접근하고 성공적으로 생산활동을 확대할 경우 개도국 경제도 고도성장의 길에 들어서게 되는 것이다.

'우루과이라운드'가 성공적으로 타결되어 WTO가 출범한 이후부터는 개도국 정부가 기업을 육성하기 위하여 제공할 수 있는 지원수단이 크게 제약되었다. 실질적으로 경제개발을 꾀하는 개도국들에게 남겨진 유일한 선택지는 국내 기업 육성보다는 다국적기업의 유치라고 할 수 있다.

4. 시장보완적 정부개입의 동태적 관리

상품시장과 금융시장이 발달하지 못한 개도국의 경제개발은 현실적으로 선진국의 시장을 지혜롭게 이용해야 성공할 수 있다. 그러나 선진국 시장에서 직접 활동하는 단위는 결국 기업인데 개도국의 취약점은 기업능력이 크게 부족하다는 것이다. 선진국의 상품시장과 금융시장은 개도국 기업의 우수한 상품과 전망 좋은 사업을 제대로 식별해내지 못하기 때문에 개도국 기업들이 선진국 시장을 활용하는 데는 원천적으로 한계가 존재한다. 이 한계를 타개하는 것이 개도국 정부의 역할이어야 한다.

성공적 개발정책의 사례를 보면 대체로 단기정책과 중·장기정책이 서로 다른 이원적 모습을 보이고 있다. 단기적으로는 시장지향적 구조개혁보다는 현 체제를 활용하면서 성장을 촉발시키는 전략을 채택하지만, 중·장기에 접어들면 고도성장을 유지하기 위해 각종 구조개혁을 시행한다는 것이다(Rodrik, 2007). 국내에 현대적 제조업 활동을 유치하기 위해 개도국 인력은 실행학습(learning by doing)을 통해 많은 것을 배울 수 있다. 잘 작동하는 시장은 현 단계에서 무엇을 배워야 할 것인지를 알려주는 신호를 창출한다. 그런데 시장을 제한하던 전통적 규제를 모두 철폐한다고 하더라도 부진한 개도국 시장의 균형은 필요한 만큼 학습량을 생산해내지 못하기 때문에 단기적으로는 정부가 적절한 규제와 지원으로 현대적 제조업 활동의 유치를 도와야 하는 것이다.

따라서 경제개발계획의 실체는 단기적으로 각종 규제와 지원으로 구성된다. 선진국 시장의 이용 자체를 거부하는 개발정책은 명백히 반시장적이다. 그러나 외견상 반시장적이더라도 자국 기업의 선진시장 참여를 돕는 개도국의 정부개입은 시장을 배격하는 것이 아니라 오히려 활용하려는 것이기 때문에 결코 반시장적이라고 할 수 없다. 예컨대 개도국의 유망기업이 '정보비용의 경제' 문제를 극복하지 못하여 투자자금조달에 실패할 때 선진 금융시장에 이 기업의 유망함을 알리는 차원의 정부개입은 시장대행적이지만 본질적으로 시장보완적이다.

다만 시장보완적 정부개입이라고 하더라도 그 방식이 반시장적이면 국내 시장의 작동을 잠정적으로 왜곡해야 한다. 부진한 국내 시장을 대행하기 위해 나선 시장보완적 정부개입이 다른 한편으로는 시장의 발전을 억누르는 결과가 되는 것이다. 또 정부개입은 아무리 시장보완적이라고 하더라도 그 정책을 계획하고 집행하는 사람의 판단에 따를 수밖에 없다는 점이 문제다. 정책집행자가 누구인가에 따라서 같은 문제에 대한 시장보완적 개입이라고 하더라도 그 내용과 성과가 매우 다를 수 있는 것이다. 결정을 시장에 맡겨도 될 수준에 이르면 시장보완적 정부개입이라도 되도록 빨리 철폐하는 것이 옳다.

시장보완적 정부개입이 경제개발에 성공하면 개도국 국내 시장도 성숙할 수 있는 여건이 조성된다. 그러나 모든 정부개입은 스스로 중지하지 못하는 관성의 포로다. 시장대행적 정부개입이 그 소명을 다한 이후에도 그대로 남아서 시장발전을 저해하는 경우가 많다. 정부개입이 성취한 개발성과가 크면 클수록 개입을 정당화하는 확신도 커진다. 시장보완적 정부개입은 시장을 이용한 개도국 산업화에는 성공하지만 그 반시장적 방식이 적기에 정비되지 않으면 도리어 시장발전을 억제하는 부작용을 일으킨다는 것을 유념해야 한다. 고도성장을 지속시키려면 중·장기적 개발전략은 적기에 반시장적 규제를 정비하는 시장지향적 정책으로 전환해야 하는 것이다(Rodrik,

2007).

개도국의 경제개발에 대한 정부개입을 외형적 방식만으로 친시장적 또는 반시장적의 이분법으로 단순 분류하는 것은 잘못이다. 이보다는 그 본질이 시장보완적 정부개입인지, 그리고 시기에 맞게 정부의 시장대행 기능을 줄임으로써 시장의 발달을 촉진하고 있는지를 기준으로 삼아 분류하는 것이 옳다.

IV. 한국의 경제개발정책과 시장

1. 배경

한국은 20세기 초 일제의 병탄으로 주권을 잃고 그 식민지로 전락하였다가 제2차 세계대전에서 패배한 일본이 연합군에게 항복함으로써 1945년 8월 광복을 맞았다. 그러나 한국은 근대화를 이룰 기회를 좀 연히 찾지 못한 채 곧이어 국토분단과 6·25전쟁이라는 국난 수준의 역경을 겪으면서 세계 최빈국의 딱지를 떼어내지 못하였다.

점령기간 중 일제는 한반도에 나름대로의 사회간접자본과 산업시설을 건설했지만 식민지 경제의 운영주체는 한국인이 아닌 일본인이었다. 그리고 기반시설과 산업구조도 소위 '대일본제국 경제'의 한 지역으로 기능하도록 편성되어 있었다. 패전과 더불어 일본인들이 철수하면서 운영주체는 공백상태가 되었다. 종전까지 같은 경제권에서 서로 교역하던 일본·만주와의 거래가 두절되고 남북관계마저 단절되면서 남한의 산업시설은 제 기능을 전혀 발휘할 수 없었다. 경제는 극심한 혼란에 빠져들었고 정치·사회적 혼란이 가세하는 가운데 미군정이 시작되었다.

근대 문명을 일본의 식민지라는 왜곡된 틀을 통하여 접하도록 강제당했던 한국은 광복을 맞았지만 그 경제구조는 산업화 이전의 농경사회 그대로였다. 비록 식민지 근대문명의 경험은 있었으나 물적 축적에서나 인적 능력에서나 당시의 한국은 스스로 산업화할 능력을 갖추지 못하고 미국의 구호성 원조에 의존하여 연명하는 신세였다.

1948년 대한민국 정부 수립 이후 정부는 귀속재산 불하와 토지개혁을 시발점으로 하여 독립 한국의 경제적 기초를 정비하기 시작하였다. 그러나 곧이어 터진 6·25전쟁은 모든 것을 초토화하여 전후 한국 경제의 재건과정은 무(無)에서 유(有)를 창조하는 것과 다를 바 없었다.

1) 6·25전쟁과 산업재건

전 국토를 초토화시킨 6·25전쟁 이후 한국 경제는 미국이 제공한 경제 원조에 전적으로 의존하였다. 당시 미국은 한국이 농업국으로 성장하기에는 자연조건이 부합하지 않고 기술적으로 낙후된 인력수준에 비추어 공업국으로 성장할 가능성도 비관적이라고 평가하고 있었다. 따라서 원조의 규모는 방대했지만 그 내용은 구호성 원조로 제공하던 소비재의 자체 생산을 감당할 수 있는 산업건설의 수준을 벗어나지 못하였다. 미국의 원조에서 한국 경제의 산업화를 겨냥한 포괄적 계획을 기대했던 한국 정부는 꿈을 접어야 했다.

1953년 휴전 이후 미국이 제공한 경제 원조는 초기에는 구호성 원조가 중심이 되었으나 점차 산업복구 원조 중심으로 이행하였다. 산업복구 원조는 선진 중공업 육성을 원한 한국 정부의 희망과는 달리 의(衣)·식(食) 생활에 필요한 목면, 밀, 원당 등 미국의 잉여농산물과 이것을 가공하는 데 필요한 기계와 장비 등이었다. 의복과 식료품 등 직접 소비할 수 있는 물자를 제공하던 구호성 원조를 그 원료와 생산장비 원조로 대체하여 한국인 스스로 필요한 의복과 식료품을 가공·생산하도록 한 것이다.

이 밖에도 여러 산업시설이 건설되었다. 정부는 농사용 비료를 자급할 목적으로 충주와 나주 두 곳에 비료공장을 건설하였다. 전재복구 건설공사에 필요한 시멘트를 생산하는 공장도 많이 세워졌다. 규모의 경제를 실현하지 못한 비료공장은 결국 문을 닫았지만 두 개의 비료공장에서 활동하던 인력은 뒷날 석유화학공업 분야의 핵심 인력이 되었다. 시멘트공장은 이후 경제개발 과정에서 발생한 시멘트 수요를 효과적으로 충족하는 역할을 수행하였다.

미국의 잉여농산물 원조는 면직·제분·제당 공업 등 소위 '3백산업(三白産業)'을 일으켰다. 원료와 기계를 모두 미국의 원조로 도입하는 산업으로서 원조 조건에 의하여 면직·제분 산업의 생산물은 해외로 수출할 수가 없었다. 달리 수출할 자원도 없고 수출상품을 생산하는 산업도 발달하지 못한 상태에서 만약 미국이 원조를 중단하면 가동 중인 공장들이 당장 원료와 기계조차 확보하지 못할 상황이었다. 원료를 못 구하면 공장이 있어도 가동하기 어렵게 된다. 실제로 미국이 조만간 원조를 감축하고, 마침내 중단한다고 통고해왔기 때문에 한국으로서는 새로운 활로를 찾아내야 하는 형편이었다. 어쨌든 전후 한국의 산업화는 미국의 원조가 뒷받침되는 가운데 생필품을 생산하는 단순노동 집약적 경공업 중심으로 출발하였다.

2) 미국의 원조, 산업지원정책과 정경유착

미국이 한국에 제공한 원조의 총액은 군사 원조를 제외하고 전후 9년 동안 미화 21억 달러에 달했는데, 이 규모는 같은 기간 동안 한국 GNP 총액의 9%에 이른다. 특히 1953년부터 1958년까지 미국의 원조는 GNP의 15%와 외환수입의 80%를 차지하는 큰 규모였다(Cole and Lyman, 1971). 원조물자는 공개경매가 아니라 수의계약 형태로 매각되었다. 매각가격은 산업활동을 지원한다는 명분 아래 달러화 가격에 특혜적 환율, 즉 고평가된 공정환율보다 약간 더 높은 소위 '원면환율'을 적용한 값으로 결정되었다. 구입물자의 일부만이라도 빼돌려 팔면 큰돈을 벌 수 있었기 때문에 원조물자의 수의계약 구매는 엄청난 특혜였다.

무상 원조물자를 매각한 대금인 대충자금(對充資金)은 한국 정부가 각종 재정사업을 수행하는 데 사용한 자금의 주요 재원이었다. 민간 저축이 부진한 가운데 장기산업자금은 재정자금에 크게 의존했으므로 원조자금은 설비투자의 주요 자금원이었다. 정부는 산업투자를 장려하기 위하여 대충자금 융자금의 금리를 일반산업자금의 금리인 연 15%보다 더 낮은 3~8% 수준으로 책정하였다. 따라서 대충자금으로 융자를 받은 기업은 그만큼 특혜를 누렸다.

생산설비와 원자재를 수입하는 데 필수적인 외화는 항상 부족하였다. 물론 중석 등 수출상품이 없었던 것은 아니지만 그 물량이 크게 부족하여 수출로 벌어들인 외화는 국내 주둔 미군부대에 원화를 판매하여 벌어들인 외화의 규모에도 미치지 못하는 수준이었다. 정부는 미군이 원화구입대금으로 지불하는 달러의 수입을 조금이라도 더 늘리기 위하여 원화를 고평가하는 공정환율을 고집하였다. 정부는 생산설비와 원자재를 수입하는 기업에게 외화를 고평가된 공정환율로 판매함으로써 산업활동을 지원하였다. 공정환율로 외화를 확보한 기업은 그만큼 특혜를 누릴 수 있었다.

그러나 이러한 환율정책은 수출에 불리하였기 때문에 수출을 장려하기 위한 환율을 따로 책정하는 복수환율제도를 유지해왔다. 원조물자를 매각할 때 적용하는 '원면환율'과 더불어 1950년대의 환율체계는 이처럼 매우 복잡한 복수환율체계로 편성되어 있었다.

이처럼 정부가 개입하여 환율과 이자율을 왜곡하고 자의적으로 자원을 배급하는 정책은 전형적인 시장대행형 개입이다. 그리고 이 시장대행형 개입이 한시적이라는 보장도 없었다. 그러므로 1950년대 한국 정부의 시장개입은 전형적인 반시장적 개입이었다고 평가할 수 있다.

원조물자, 대충자금 융자, 그리고 외화자금에 큰 특혜가 걸려 있었던 만큼 이것들을 얻으려는 기업 간 경쟁은 치열하였다. 그러나 이 경쟁은 시장경쟁이 아니라 로비경쟁이었다. 정부의 실력자와 돈독한 관계를 유지한 기업가가 유능한 기업가였다. 우수한 경영능력보다는 든든한 연줄이 기업경영에 더 필요한 시절이었다. 이처럼 정부 권력이 민간기업에게 공공연히 특혜를 제공하는 구도에서 반대급부가 없을 리 없었고 당연히 정경유착에 따른 부정부패 논란이 끊이지 않았다.

한편 정부는 특히 교육에 많은 노력을 기울여 1945년 78%에 달하던 문맹률을 1960년에는 28%로 낮추는 성과를 거두었다. 정부수립 후 바로 시행한 초등학교 의무교육이 청소년의 문맹률을 거의 0% 수준으로 낮추었기 때문에 이 28%의 문맹률은 장년층과 노년층에 집중된 수치다. 문맹률은 낮아졌지만 1961년 현재 한국의 1인당 GNP는 미화 81달러에 불과하였다. 19세기 서양문물을 제때에 수용하지 못했기 때문에 빠져든 시대적 함정은 식민지, 국토분단, 그리고 내전으로 이어졌고 연이은 역경은 한국을 아시아 최빈국의 수준에 묶어두는 데 충분했던 것이다.

2. 자유당의 몰락과 군사정부의 등장

부정선거에 대한 항의로 시작된 4·19혁명은 이승만 자유당 정부를 퇴진시켰고 이듬해 발발한 5·16쿠데타는 민주당 정부를 무너뜨렸다. 혁명의 주역으로 등장한 군부는 박정희 정부를 출범시키고 본격적인 경제개발에 착수하였다. 군사혁명을 주도한 세력은 처음에는 부정부패 척결을 앞세워 당대의 대표적 기업가들을 부정축재 혐의로 모두 체포·구금하고 '민생을 도탄에서 구하기 위한 산업 건설'의 노력을 전개하기 시작하였다. 초기의 산업화 노력은 1950년대에 등장한 소비재 산업에 소요되는 원자재 일부를 국산화하려는 방향으로 전개되었다(오원철, 1995). 그러나 국가경제의 운영이 군사작전과는 너무도 다르다는 사실을 군사혁명 지도부가 파악하는 데는 그리 오랜 시간이 걸리지 않았다.

우선, 필요한 설비를 갖추기 위해 자본이 필요했지만 국내에 축적된 자본은 빈약하여 비상수단으로 화폐개혁까지 실시했으나 그 효과는 미미하였다. 특히 국내 생산이 불가능한 현대적 산업설비를 구입하려면 상당한 규모의 외화자금이 필요하였다. 당시 원조에 의존하던 한국 경제의 독자적 외화 획득 능력은 거의 전무한 상태였고, 선진국 자본시장이 한국 시장을 철저히 외면하는 상태에서 외국인 투자나 상업차관을 유치하는 것도 현실적으로 불가능하였다. 무엇보다도 산업화의 현장을 이끄는 기업가 인력의 부족이 문제였다. 결국 혁명정부는 부정축재 환수범위를 시중은행 주식과 탈세소득의 환수에 국한하고 구금했던 기업인들을 모두 석방하여 경제개발사업에 참여하도록 종용하였다. 현대적 제조업을 건설해야 하는 경제개발사업에는 경험 있는 경영자가 많이 필요하다는 사실을 깨달았던 것이다.

선진국 자본시장이 한국 시장을 외면한 까닭은 외국 투자자들이 한국 경제의 성장 가능성에 대하여 매우 비관적으로 전망하였기 때문이다. 따라서 정부는 한편으로는 당장 필요한 외화자금을 마련하면서 다른 한편으로는 선진국 투자자들의 태도를 근본적으로 바꾸어 놓을 특단의 조치를 취할 필요를 느꼈다. 한일 국교 정상화, 베트남 파병, 그리고 광원 및 간호사의 서독 파견 같은 조치는 이러한 맥락에서 산업화를 본격적으로 시동하려는 정부의 계획과 맞물린 것이라고 할 수 있다.

1) 한일 국교 정상화

당시 한국과 일본의 관계는 일제 식민지 35년의 후유증을 털어내지 못하고 정식 국교조차 회복하지 못한 상태였다. 그런데 이미 전투기와 항공모함까지 독자적으로 생산하는 등 세계대전을 치를 정도의 현대적 산업역량을 갖추고 있던 일본은 1960년대에 들어서면서 제2차 세계대전 패전의 상처를 딛고 일어나 빠른 속도로 선진산업국의 대열에 합류하고 있었다. 개도국의 산업화가 현실적으로 선진산업국이 걸어간 길을 따라잡는 활동임을 감안하면 한국이 추구할 산업화 과정에서 바로 이웃에 위치한 일본과의 협력은 너무도 당연한 것이었다. 그러나 국교조차 정상화하지 못한 상태에서 일본과 경제협력만을 최대화하기는 어려웠다.

미국과 일본은 1951년 '샌프란시스코 평화조약'을 체결하여 양국 간 전후관계를 정리하였는데, 이 조약은 한일 간 재산청구권 문제에 대한 규정까지도 포함하고 있었다. 이후 한일 양국은 이 규정에 따라 국교 정상화와 대일 청구권 자금을 논의하는 한일회담을 개최해왔지만 양측의 의견 차이가 워낙 커서 번번이 결렬되고 말았다. 박정희 정부는 한일 국교 정상화 회담의 타결을 적극적으로 추진하였고 결국 1965년 양국은 역사적 협정에 조인하기에 이른다. 국교 정상화와 더불어 한국이 무상으로 제공받은 3억 달러와 유상차관 5억 달러의 대일 청구권 자금은 경제개발 초기에 유용한 외화자금으로 활용되었다. 포항종합제철 건설에 투입된 자금 7,370만 달러도 이 대일 청구권 자금에서 조달된 것이다. 1964년과 1965년의 수입 총액이 각각 8,600만 달러와 1억 4,400만 달러였음을 감안하면 한국 경제가 필요로 한 외화자금에 비추어 본 대일 청구권 자금의 상대적 규모를 평가할 수 있다.

국교 정상화를 기점으로 하여 일본 자본의 유입과 일본제 기계류·중간재의 수입도 크게 증가하였다. 한국의 조립·가공 산업은 주로 일본의 기계류와 중간재를 이용하는 구조로 발달하기 시작한 것이다. 일본으로부터 수입하는 기계류와 중간재의 규모가 워낙 컸던 까닭에 일본은 한국의 최대 수입국으로 자리를 굳혔고 한일 간 무역수지는 처음부터 큰 폭의 만성적 적자로 시작하였다. 이러한 사정은 지금도 별로 달라지지 않았다.

개도국의 산업화는 결국 선진국으로부터 기계류와 중간재를 수입하여 단순노동집약적 조립·가공 활동을 수행하는 것에서부터 시작할 수밖에 없다. 한국의 개발 과정에서 기계류와 중간재를 제공하는 주요 협력 선진국이 바로 일본이었던 것이다. 만약에 한국이 일본을 배제했다면 미국이나 서유럽 선진국 가운데 어느 나라가 일본의 역할을 대행할 수밖에 없었을 것이다. 기계류와 중간재는 무겁고 부피가 커서 운송비용이 적지 않게 소요된다는 점을 감안하면 가까운 일본을 우리의 협력 선진국으로 삼는 것이 여러모로 유리하다. 상호왕래의 편의성도 경제협력의 효율성을 높이는 데 기여한다.

그러나 일본에 대한 우리의 국민감정은 경제개발 사업에서 일본과 협력하기로 한 정부의 실용적 판단을 수용할 만큼 우호적이지 않았다. 대다수 국민은 청구권 자금이 모욕적 수준이고 그나마 배상금도 아니고 청구권 자금으로 처리된 점에 분개하였다. 굴욕적인 회담을 결사반대하는 격렬한 시위가 잇달았지만 공화당 정부는 국민적 반대를 추스르는 정치력을 발휘하지 못하였다. 민주정부로서 국민의 뜻을 따르려면 한일 국교 정상화를 포기해야 하는데 이것은 곧 가장 실용적인 산업화 전략의 포기를 뜻하였다.

산업화를 최우선 목표로 설정한 박정희 정부는 한일 협상의 타결이 시급하다고 판단하여 반대운동을 결국 물리력으로 탄압하였는데, 결과적으로 민주주의를 포기하고 산업화를 선택한 셈이다. 이 선택은 반대세력들로 하여금 과거 4·19 이후 등장한 민주정부를 군사혁명으로 전복시킨 전력에서 자유롭지 못한 공화당 정부를 반민주적 독재정권으로 규정하는 결정적인 계기가 되었다. 한일협정 조인을 굴욕적이라고 파악하는 시각은 한 걸음 더 나아가서 공화당 정부를 친일파 정권으로 규정하였다. 공화당 친일파 정부가 추진한 산업화는 독재를 정당화하려는 명분일 뿐이라는 인식이 민주화를 추구하는 사람들 사이에 널리 퍼졌다.

2) 외환 사정과 베트남 파병

국제 경쟁력을 갖추지 못한 한국의 전통적 농업은 수출 가능한 농산물을 생산할 능력이 없었다. 그렇다고 달리 수출할 천연자원도 없었기 때문에 항상 쪼들리는 외환 사정은 심각한 문제였다. 전후 원조는 외제 설비와 원자재를 제공함으로써 이들을 구입하는 데 필요한 외화수요의 대부분을 충족시켜주고 있었다. 그리고 근소한 수출과 국내 주둔 미군에 대한 원화판매가 외화를 벌어들이는 수단의 전부였다.

전후 미국의 원조로 모처럼 경공업이 일어났지만 그 제품을 수출할 길은 원천적으로 봉쇄되어 있었다. 미국의 잉여농산물 원조의 조건은 수원국이 원조물자와 원조물자를 가공한 제품을 국제 시장에 수출할 수 없도록 규정하고 있었기 때문이다. 그러나 미국의 원조는 영속적인 것이 아니었고, 언젠가는 우리 힘으로 원료를 수입해야 그나마 건설해놓은 경공업 설비라도 가동할 수 있는 상황이었다. 실제로 1950년대 말부터 미국은 일부 원조를 상환해야 하는 유상차관으로 바꾸면서 한국 정부에게 수출을 늘려 상환에 필요한 외화를 획득하도록 촉구하였지만 당시 한국은 필요한 만큼 수출을 확대할 방안을 전혀 마련하지 못한 상태였다.

이러한 여건에서 정부는 1965년 베트남에 파병함으로써 대규모 외화자금 확보의 기틀을 마련하고자 했다. 상품과 용역을 베트남에 수출하는 데에 특혜를 얻었고 1억 5,000만 달러 이상의 차관이 연계되었다. 월남 관련 수출과 군인·근로자들의 송금으로부터 벌어들인 외화는 1966년, 1967년, 1968년에 각각 연도별 총외화수입의 10.6%, 19.4%, 그리고 17.3%를 차지하였다. 정부는 또한 베트남 파병과는 별도로 광원과 간호사를 서독에 대거 파견하였는데 이들이 국내에 부쳐온 송금도 주요 외화수입원 가운데 하나였다.

한일협정의 조인과 베트남 파병, 그리고 잇따른 광원·간호사의 해외 파견은 외화보유 사정을 크게 호전시켰다. 그러나 이러한 정부 조치는 정치·외교·사회적으로 복잡한 파장을 불러왔다. 한일협정은 학생들의 격렬한 반발을 불러왔고 베트남 파병은 명분 없는 전쟁에 참여한 처사로 비판을 받았다. 그러나 상업차관 도입이 부진한 가운데에서도 경제개발에 필요한 기초사업을 그런대로 시작할 수 있도록 만들었다는 경제적 성과는 결코 과소평가할 수 없다. 또 이러한 상황전개는 한국의 경제개발에 대한 외국인 투자자들의 전망을 호전시키는 데도 크게 기여하였다.

한일협정을 비롯한 일련의 정부조치는 분명히 외화보유 사정을 개선시킨 개입이었지만 시장성과와는 분명히 다르다. 당시 국내 시장의 수준은 스스로의 힘으로 인력송출, 차관확보, 외화수입 증대 등의 성과를 거둘 정도에 이르지 못한 상태였다. 시장이 제 역할을 하지 못했기 때문에 정부가 개입하였던 것이다. 그러나 이러한 정부개입은 일회성으로서 결코 항구적으로 시장을 대치하는 것은 아니었던 만큼 이것을 반시장적 개입으로 분류하고 한국 경제의 개발 과정을 반시장적 정부개입의 연속으로 규정하는 것은 무리다.

3. 박정희 정부의 경제개발

1) 차관 중심적 외자정책

자본은 경제개발에 필수적인 요소이지만 개도국의 공통된 문제는 자본축적이 빈약하다는 점이다. 국내에 축적된 자본이 없으면 외국인 직접투자를 유치하거나 차관을 도입하는 등 외자를 도입해야 한다. 그리고 현실적으로 경제개발은 결국 개도국이 선진국으로부터 협력을 얻어 배우는 과정일 수밖에 없다.[1] 선진국으로부터 기계 등 생산설비를 도입하고 생산기술을 전수받아야 한다. 개도국은 선진국의 이러한 협력에 대한 대가를 지불해야 하는데, 이에 필요한 외화자금은 개도국 경제개발에서 없어서는 안 될 필수 자원이다. 외자는 자본과 외화자금의 문제를 함께 해소해준다.

그런데 한국의 경우 외자 조달경로로서 외국인 직접투자를 유치하는 방법은 처음부터 배제되었다. 많은 국민들에게 일제 식민지시대의 뼈아픈 기억이 생생하게 남아 있는 상태에서 외국인 기업, 특히 일본인 기업이 한국인 노동자들을 채용하고 이들에게 명령하는 공장을 우리 국토 위에 대거 수용하기는 어려웠기 때문이다. 외국인 직접투자를 매우 까다로운 조건으로 규제한 정부가 선택할 수 있는 외자조달방식은 차관뿐이었다.[2] 그러나 차관에 의존하려는 정부의 전

1. 개도국의 산업화는 후발성의 이점을 살리는 방식으로 전개된다. 선진국의 경험을 학습하여 취할 것만 취함으로써 단기간에 고도성장을 실현하기 때문에 '압축성장' 또는 '캐치업(catch up)'이라고 부르기도 한다. 조순(1996), Hong(2002) 참조.

2. 외국인 직접투자에 대한 상업차관의 우위는 상업차관과 직접투자의 도입액이 각각 16억 2,000만 달러와 4억 7,700만 달러이던 1987년까지 유지되었다. 그러나 경상수지가 장기적 추세로 호전되면서 상업차관 도입은 급격히 감소하고 직접투자가 증가하였다. 예컨대 1990년에는 상업차관 도입액이 3,000만 달러에 그친 반면 외국인 직접투자는 8억 9,500만 달러로 비중이 역전되었다(재무부·한국산업은행, 1993).

략은 처음부터 난관에 봉착하였다. 외국의 어느 은행도 국내 민간기업에게 상업차관을 제공하려 하지 않았던 것이다.

선진국의 자본시장은 휴전 이후 10여 년이 흐른 뒤의 한국을 투자 부적격국으로 낙인찍고 있었다. 4·19에 이은 5·16 쿠데타는 정치·사회적 불안요인으로 인식되었다. 정부는 한일 국교 정상화를 통해 대일 청구권 자금을 확보하고 베트남 파병과 광원·간호사의 서독 파견으로 적지 않은 기초적 외화자금을 마련하였다. 다른 한편으로는 상업차관에 대하여 실질적 정부지급보증을 제공하는 방식으로 차관확보에 나섰다. 한일협정이 조인될 때까지 1962년부터 1965년까지 4년간 도입한 상업차관은 7,100만 달러였고 외국인 직접투자는 1,300만 달러에 불과하였다. 정부의 노력은 한일협정 조인 이후인 1966년 한 해에만 상업차관 1억 1,000만 달러에, 외국인 직접투자 1,400만 달러라는 실적으로 나타났다(재무부·한국산업은행, 1993). 이 수치만으로도 초기에 외자 유치가 얼마나 어려웠는지 미루어 짐작할 수 있다.

1960년대 초에 시중은행의 경영권을 접수한 정부는 사업계획 심사를 거친 상업차관에 대하여 은행이 그 원리금의 지급을 보증하도록 하는 특단의 조치를 취하였다. 시중은행의 경영권이 정부 소관인 만큼 이 지급보증은 바로 국가지급보증이었고 당연히 원리금 상환에 대한 해외 투자자들의 위험도 평가는 매우 우호적으로 돌아섰다. 이 정책은 비록 차관 도입 기업의 도덕적 해이를 적지 않게 야기했지만 불가능하던 차관 도입을 가능하게 만들었다는 점에서는 성과를 거두었다고 할 수 있다.

시중은행의 역할은 상업차관에 대한 지급보증에 그치지 않고 직접 은행차관을 도입하고 외화채권을 발행하여 외화자금을 도입하는 선까지 확대되었다. 시중은행의 외화자금은 정부가 선정한 전략산업에 집중되었는데, 그 효과는 정부가 지급보증한 상업차관과 동일하였다.

개발연대에는 정부가 인가한 외자도입만 허용되었으나 1992년부터 외자도입은 신고제로 바뀌었다. 1962년부터 1992년까지 30년 동안 한국이 도입한 외자의 총액은 801억 8,100만 달러다. 이 가운데 상업차관은 210억 2,200만 달러에 달해 26.2%로 가장 큰 비중을 차지한다. 그 다음은 공공차관 194억 1,700만 달러(24.2%), 은행차관 174억 2,200만 달러(21.7%), 금융기관 외화채권 발행 91억 8,600만 달러(11.5%), 외국인 투자 77억 8,500만 달러(9.7%), 그리고 기업 외화채권 발행 53억 4,900만 달러(6.7%)의 순이다(재무부 · 한국산업은행, 1993).

외자도입의 양적 확대가 정책의 기조였던 1960년대와 1970년대에는 상업차관과 공공차관이 외자 총액의 80% 이상을 점하였다. 한국경제의 대외신인도가 개선된 1970년대 말부터 은행차관과 금융기관 외화채권이 상업차관과 공공차관을 대신하여 외자도입을 주도하였고, 1980년대 후반부터는 외국인 직접투자와 기업의 외화채권 발행이 큰 폭으로 증가하였다. 은행차관과 금융기관 외화채권은 국내 기업의 외화자금 수요를 은행이 도입한 외화자금으로 충당하는 방식이다. 해외 금융기관이 국내 수요자에게 직접 자금을 빌려주고 그 상환을 국내 은행이 보증하는 종래의 공공 · 상업차관보다는 절차가 간소화된 금융방식이라고 할 수 있다.

2) 선별기업지원적 개발정책

개도국 정부의 개발지원정책은 보통 선별산업지원(industry-specific subsidies)의 형태로 펼쳐진다. 정부가 몇몇 산업을 성장전략산업으로 선정하고 이 산업에 종사하는 모든 기업에 대하여 재정금융적 지원을 제공하는 것이다. 그러나 한국의 개발정책은 선별산업지원에서 한 걸음 더 나아가서 선별기업지원(firm-specific subsidies)의 형태로 집행되었다. 정부가 유망 기업들을 선정하고 선정된 소수의 기업에 대하여 각종 지원을 집중시켰던 것이다.

차관도입 중심의 외자정책이 외국인 직접투자를 배제하면 외국인 기업가를 유치하여 부족한 국내 기업가 인력을 보완하는 기회도 함께 줄어들기 마련이다. 그러므로 유망한 국내 인력을 발굴하여 유능한 기업가로 육성하는 선별기업지원정책의 필요성이 절박해진다. 그러나 한국의 선별기업지원정책은 정부가 이 절박한 필요성을 명확히 인식했기 때문이라기보다는 외국인 직접투자를 기피하는 가운데 원활한 차관도입을 추구하는 과정에서 자연스럽게 시작하였다.

이미 지적한 바와 같이 1960년대 초 한국 기업 가운데 독자적으로 해외차관을 도입할 수 있는 역량을 보유한 기업은 거의 없었다. 당시 한국은 '정보비용의 경제'를 거의 누리지 못했기 때문에 국제 금융시장이 철저히 외면한 소외지역이었던 것이다. 기업이 스스로의 힘으로 해외 시장에서 자금을 조달해온 최초의 사례는 1980년대 초 삼성전자의 전환사채 발행이었다. 1960년대 초의 이와 같은 상황에서 대대적 상업차관 도입의 물꼬를 트기 위해서는 정부가 특단의 대책을 마련할 수밖에 없었다. 혁명 직후 모든 시중은행의 경영권을 장악한 정부는 국내 기업이 원하는 차관과 기술의 도입에 대하여 시중은행이 원리금과 로열티의 지급을 보증하도록 조치하였다. 보증하는 시중은행을 국가가 장악하고 있는 만큼 이 지급보증은 국가지급보증과 다를 바 없었다.

정부의 지급보증은 한국에 대한 해외 금융기관의 정보수집비용을 크게 낮추었다. 한국 정부의 지급보증이 뒷받침하는 투자기회라면 해외 금융기관으로서는 고위험 투자로 분류할 필요가 없고 따라서 비용을 들여 조사할 필요가 없기 때문이다. 정부지급보증은 선별된 국내 기업들이 해외 금융시장의 자금에 접근하도록 이끄는 데 결정적으로 기여하였다. 지급보증은 분명히 반시장적 정부개입이지만 시장이 '정보비용의 불경제'라는 난관을 뚫지 못하기 때문에 나타난 시장보완형 정부개입이다.

정부의 외자도입심의위원회는 차관·기술의 도입을 원하는 기업들의 사업계획과 신용상태를 검토하여 정부지급보증 제공 여부를 결정하였다. 당시 차관을 확보하지 못하면 어느 누구도 현대적 제조업에 착수할 수 없었던 만큼 정부지급보증은 실질적으로 핵심 제조업에 대한 사업면허와 같은 것이었다. 결국 차관 중심의 외자정책과 차관·기술에 대한 정부의 지급보증정책은 의도하지 않게 경제개발을 주도할 핵심 기업을 선발하게 된 것이다.[3] 정부가 이렇게 선발한 기업들은 오늘날 재벌그룹으로 발전하였다. 선발 이후 제공되는 정부의 선별산업지원은 대체로 선발된 기업들에게만 돌아가고 만다. 예컨대 1985년 전체 은행 대출금 가운데 5대 재벌과 30대 재벌이 차지한 몫은 잔액 기준으로 각각 20.4%와 35.8%에 이르렀다(동아일보, 1986. 6. 2). 정부의 개발지원정책 대부분은 결국 선별기업지원정책으로 귀결되었던 것이다.[4]

3) 수출주도형 성장

(1) 초기의 수입대체화전략

박정희 정부의 경제개발전략도 그 당시 다른 나라들과 마찬가지로 수입대체형 산업화로 출발하였다. 인구의 60%가 전통적 농업에 종사

3. 정부는 1986년부터 무보증 상업차관에 한하여 그 도입을 인가하였기 때문에 국가보증은 폐지되었고 따라서 정부의 기업선발 기능도 그만큼 약화되었다고 할 수 있다(재무부·한국산업은행, 1993).

4. 수출금융은 수출신용장 기준으로 수출금액에 비례하는 금액을 특혜적 저이자로 대출하는 정책금융인데 차관기업이 아니더라도 수출신용장만 확보하면 수혜 대상이 되었다. 비록 차관기업의 수출 규모가 컸고 따라서 수출금융의 수혜 규모도 컸지만 수출금융의 수혜 대상자가 수출실적을 올린 모든 기업들이라는 점에서 수출금융정책은 선별기업지원정책으로 분류할 수 없다.

하면서 필요한 공산품의 대부분을 수입하는 나라의 산업화는 지금까지 수입해오던 공산품을 국산화하여 국산품으로 대체하는 활동에서 출발하기 마련이었다. 전후 1950년대의 산업건설도 기본적으로 최종 소비재와 비료, 판유리 등의 수입대체화로 분류된다. 군사혁명 이후 처음 작성한 산업화 계획도 당시 가동 중이던 섬유공장에서 수입하던 원단과 원사를 생산하는 공장을 국내에 건설한다는 것이었다. 국내 수요가 일정 규모 이상 형성되어 있는 제품을 생산하는 산업부터 건설하기 시작하는 것이 효율적이라고 판단했기 때문이다(오원철, 1995).

그러나 한국의 수입대체형 산업화전략은 처음부터 어려움에 봉착하였다. 특히 외화를 안정적으로 벌어들일 수단이 없다는 점이 가장 큰 어려움으로 작용하였다. 산업화를 추진하는 개도국은 선진국으로부터 현대적 생산설비와 기술을 도입해야 하므로 그 대가로 지불할 외화가 있어야 한다. 대개의 경우 개도국은 천연자원이나 농산물 등 1차 산업의 생산물을 수출하여 외자를 조달하지만 농업의 국제 경쟁력이 부실하고 자원부존의 혜택도 누리지 못한 한국은 필요한 외자를 다른 방식으로 조달해야 했다.

지금도 그렇지만 당시 한국이 가진 최대의 자원은 인력이었다. 외화를 벌어들일 다른 방도가 없다면 인력이라도 수출해야 한다. 베트남 파병이 계기가 된 근로자 해외 파견이나 광원·간호사의 서독 파견은 결국 인력수출이었다. 그러나 지금과 같은 세계화 시대에도 각국은 인구의 국제 이동을 엄격히 통제하고 있기 때문에 대규모 취업이민 형태의 인력수출은 불가능하다. 국내 인력에게 일거리를 주고 일한 성과를 해외에 수출하는 것만이 현실적으로 가능한 외화획득의 유일한 경로였다. 달리 선택의 여지는 없었다. 문제는 국내 인력이 일한 성과를 과연 해외에서 사줄 것인가 하는 점이었다.

(2) 수출제조업 육성의 결단과 수출주도형 성장체제의 정립

한국과 같은 천연자원 조건에서 우리 인력이 국내에서 일하고 그 성과를 해외에 내다파는 활동이라면 제조업 생산과 그 수출밖에 없다. 당시 국내 제조업체가 생산하던 제품은 품질은 물론이고 가격 면에서도 해외 시장에서 선진국 제품과의 경쟁을 감당할 수준이 아니었다. 신기술 도입과 공장설비의 혁신은 물론이고 인력의 재훈련과 제도의 정비를 통하여 수출제조업을 건설하는 것이 선결과제였다. 아직 산업화 이전 단계에 있던 한국이 과연 처음부터 수출제조업을 성공적으로 감당할 수 있겠는가 하는 점이 문제였지만 하는 수 없었다.

당시 대부분의 인력은 현대적 생산체제에서 일을 해본 경험이 없는 비숙련 인력으로서 노동생산성이 지극히 낮고 임금도 낮았다. 그렇지만 이런 인력을 동원해서 생산한 공산품이 과연 저가 공세만으로 국제 시장에서 판매될 수 있을지에 대하여 대부분의 사람들은 의구심을 품었던 것이다. 지향하는 목표는 산업화이고 산업화를 이루려면 외화가 필요한데, 이미 성공한 산업국 수준의 공산품을 생산하고 수출해야 외화를 획득할 수 있다는 딜레마에 봉착한 것이다.

정부 내부에서도 논란이 심했다. 산업화가 어느 단계에 이르면 생산품의 품질이 국제 수준에 도달해야 한다는 데 대해서는 이의가 없었다. 그러나 걸음마 단계인 제조업부문에서 한국이 시제품이나 다를 바 없는 제품을 처음부터 수출하겠다고 나서 봤자 불량한 품질 때문에 성공하지 못할 것이라고 믿는 사람들이 다수였다. 당시 세계 개발경제학계의 지론도 수출주도형 산업화(export-led industrialization)보다는 수입대체형 산업화(import substitution industrialization)가 타당한 개발전략이라고 규정하고 있었다.[5] 그러나 원조감축이 눈앞에 닥친 상황에서 달리 선택의 여지가 없는 한국으로서는 처음부터 수출

5. 이러한 이론의 대표적 학자는 프레비쉬(R. Prebish)와 그를 따르는 중남미경제위원회(CEPAL) 경제학자들이었다. 이에 대해서는 다음 제V장에서 상세히 다룬다.

주도형 산업화에 건곤일척할 수밖에 없다는 주장도 만만치 않았다.

결국 정부는 1964년부터 광범위한 수출촉진전략을 수립하고 각종 제도를 수출지원 쪽으로 정비하면서 수출 드라이브에 총력을 기울였다(오원철, 1995). 가장 먼저 공정환율을 인상하여 복수환율제도를 철폐하면서 수출용 원자재에 대한 수입관세를 감면하였다. 그리고 국내의 미숙련노동으로도 능히 감당할 수 있는 단순노동집약적 조립·가공 산업을 수출산업으로 육성하기 시작하였다. 초기에는 미국의 양판점과 일본의 종합무역상사가 OEM 방식으로 사가거나 외국인 직접투자 기업들이 하도급하는 형태로 수출이 이루어졌지만, 많은 국내 기업들은 단기간에 마케팅 노하우를 습득하고 독자적인 수출에 성공하였다(Hong, 2002). 그리하여 1960년대의 한국 산업은 세계시장에 수출하는 단순노동집약적 가공·조립 경공업과 이들 경공업이 필요로 하는 일부 원자재를 국내에서 생산하는 수입대체형 중화학산업을 양 축으로 하여 편성되었다. 물론 수출 경공업의 비중이 수입대체형 중화학산업보다 더 큰 구조였다.

그런데 국내 수입대체형 사업자가 생산하는 원자재의 품질은 수입원자재에 비하여 불량했던 만큼 수출 사업자들은 사용을 기피하였다. 정부가 각종 유인책을 제시하며 국산 원자재의 사용을 권장했지만 냉혹한 수출시장은 불량품에 대하여 어김없이 클레임을 걸어왔기 때문에 장려정책의 효과도 그만큼 제한적이었고 수요도 한정되어 있었다. 이 한정된 수요에 규모를 맞춘 수입대체형 중화학공장은 최소효율규모(minimum efficiency scale)에 미치지 못했기 때문에 생산단가도 국제 수준보다 높았다. 결국 국산 원자재는 품질만 불량한 것이 아니라 원가마저 높은 이중고에 처하였다. 차관업체 가운데 비료, 시멘트, 합성수지, 정유, 자동차, 화학섬유 등 수입대체형 중화학공업에 종사하던 기업들이 1960년대 말에 이르러 경영난에 봉착하여 부실화한 것은 이 때문이었다.

같은 차관기업이라도 수출 제조업체들의 영업실적은 호조를 보인 가운데 유독 수입대체 중화학업체들이 주로 부실화하였다. 수출을 주도한 산업은 단순노동집약적 경공업이었다. 숙련도가 떨어지는 인력이 생산한 중저가 제품의 염가수출을 정부보조가 뒷받침함으로써 수출이 가능하였다. 때로는 원가 이하의 출혈수출이었지만 정부보조가 손실을 보전하였던 것이다. 이에 비하여 중화학산업은 자본과 기술 등 여러 면에서 1960년대의 우리 수준에 벅찼기 때문에 직접 수출은 엄두도 못 내고 순전히 내수용품 생산체제로 출발하였다. 그 대신 높은 관세·비관세 장벽을 쌓아 국내 시장을 외국 경쟁상품으로부터 철저히 보호하였다. 문제는 중화학 제품의 주 고객이 수출 경공업체들이어야 하는데, 이들이 수출용 경공업 제품을 생산하는데 사용하는 원자재까지 국산품을 쓰도록 일률적으로 강요한다면 경공업 제품의 수출이 타격을 입을 수밖에 없다는 사실이었다.

수출용을 제외하고 내수용 원자재만 보호하면 보호효과도 그만큼 제한적일 수밖에 없다. 결국 1960년대 수입대체형 중화학 투자는 집단적 부실화를 면치 못한 것이다. 이 쓰라린 경험은 값진 교훈을 주었다. 1970년대에 본격화한 중화학 드라이브가 처음부터 세계시장 수출을 겨냥한 체제로 출발한 것은 이 때문이라고 할 수 있다. 수출산업인 경공업부문이 주류를 이루고 수입대체산업인 중화학산업이 일정 부분을 형성하던 1960년대의 수출진흥(export promotion)체제는 경공업과 중화학공업이 모두 수출산업으로 변한 1970년대에 들어서면서 수출주도형 성장(export-led growth)체제로 진화하였다.

중화학공업은 경공업보다 더 자본집약적일 뿐 아니라 기술집약적이기 때문에 당시 한국의 수준으로는 힘에 벅찬 산업이었다. 같은 부품을 조립한 경우에도 국산 중화학제품의 품질은 선진국 제품보다 조야하기 일쑤였다. 따라서 초기 중화학 수출상품은 수출가격을 원가 이하로 낮게 책정할 수밖에 없었다. 다만 중화학산업은 동시에 수입대체산업이기도 했는데, 경쟁 제품의 수입을 엄격히 통제하여 내수시장을 보호하면서 국내 가격을 높게 책정하도록 함으로써 수출 활동의 손실을 보상하였다.

수출진흥 및 수출주도형 성장체제를 확립한 공화당 정부는 수출증대에 모든 노력을 집중하였다. 매달 1회 박정희 대통령이 직접 주재하는 '수출진흥확대회의'에서는 경제기획원과 상공부의 간부들은 물론이고 민간 수출업체 대표들까지 참여하여 실시간으로 수출실적을 점검하고 문제점과 애로점을 파악하여 해결방안을 찾았다. 대통령은 시정조치를 직접 지시하고 그 뒤처리를 반드시 점검하는 방식으로 진두지휘함으로써 민관이 일체가 된 수출 드라이브 체제는 수출을 효과적으로 독려할 수 있었다.

이 시기의 정부정책 가운데 환율을 시장 수준으로 올리고 수출용 원자재에 대한 수입관세를 철폐한 것은 과거의 반시장적 규제를 폐지한 것으로서 시장촉진형 정책이라고 할 수 있다. 그러나 수출보조정책, 부품소재 국산화 유인정책, 그리고 내수시장을 보호하는 고관세정책 등은 국내 기업이 선진국 시장에 진입할 수 있도록 도와주기 위해 시장의 가격신호를 왜곡한 반시장적 시장대행형 정책들이다. 이들 시장대행형 정책은 한국 경제가 어느 정도 성장을 성취한 1980년대에 들어서면서 점차 폐지되었다.

(3) 정부가 지원하는 수출의 문제

산업화를 추진하는 초기 단계의 수출은 대부분 정부의 지원을 필요로 하였다. 정부의 지원이 없다면 수출기업이 결손을 입기 때문이다. 그렇다면 정부의 수출지원은 손해 보는 수출을 장려한 셈인데 그 까닭은 무엇일까? 예컨대 (국제)가격 90에 도입한 원자재를 가공하는 데 11의 노임이 든다고 하자. 현재의 환율이 1 : 1이라면 이 생산에는 총 101의 비용이 소요된다. 이 상품의 (국제)가격이 100이라고 하자.

이 경우 수출을 강행한다면 1의 손실이 발생하므로 아무도 이러한 수출을 하려고 하지 않는다. 그런데 정부가 이 수출에 대하여 1 이상의 지원을 제공한다면 수출이 일어날 것이다.

정부 지원이 1이라고 하자. 이 지원의 즉각적 효과는 수출을 가능하게 하는 것으로서 외화 10(= 100 − 90)의 순가득을 기록한다. 이에 소요된 국내 비용은 노임 11이므로 국내 비용 11을 들여서 외화가득 10을 얻은 셈이다. 그러므로 정부지원 1은 이 수출활동에 적용된 실효적 환율을 1.1 : 1로 바꾼 결과가 된다. 외국이 10으로 평가하는 국내 노동에 정부가 1을 지원하여 국내 시장에서는 국제 가격으로 11이 되도록 해준 것이다. 그 결과 정부는 1의 비용을 부담하여 수출 노동자들에게 일자리를 제공하면서 10의 외화를 벌어들인 것이다. 일자리 창출과 외화수입이 절실히 필요한 시점에서는 이러한 정부지원이 필요할 것이다. 다만 이 지원으로 소모된 정부자원 1을 회수하지 못하는 점이 문제로 남는다.

만약 정부가 언제까지나 이렇게 지원해주어야 수출이 가능하다면 이러한 지원은 장기적으로 결코 지속 가능하지 못하며, 애초에 시작하지 않는 것이 옳은 것이다. 그러나 단기간의 실행학습(learning by doing)을 거쳐서 정부가 더 이상 지원하지 않더라도 10 이하의 노임으로 수출할 수 있는 능력을 습득할 수 있다면 정부지원은 반드시 시행해야 할 개발정책수단이라 할 수 있다.

1960년대 세계 개발경제학계의 추세는 개도국의 산업화 전략으로 수입대체형 산업화를 권고하고 있었다. 그런데 한국 정부는 학계의 권고에 반하여 수출주도형 산업화를 경제개발정책의 기조로 삼은 것이다. 이 선택은 당시로서는 엄청난 결단이었고 한국 경제의 산업화를 성공적으로 이끈 핵심조치로서 사후적으로 높이 평가되는 정책결정이다. 그러나 당시 여건이 정부로 하여금 그렇게 결단하도록 몰아간 점도 없지 않다.

만약 한국이 풍부한 천연자원을 보유하였거나 미국이 원조에 너그러웠더라면 외화자금에 대한 수요가 반드시 수출주도형 산업화의 길로 압박하였으리라는 보장이 없다. 또 국내 시장의 규모가 제법 컸더라도 1960년대의 수입대체형 중화학공업 투자가 그렇게 짧은 시간에 실패하지는 않았을 것이다. 만약 이와 같았다면 정부가 수입대체형 개발전략을 채택하였더라도 천연자원의 수출로 소요 외화를 획득할 수 있었을 것이고 국내 산업은 높은 관세 및 비관세 장벽의 보호 아래 장기간 가동할 수 있었을 것이다. 그랬다면 정부의 국내 산업 보호가 장기화하여 국내 기업들이 오랫동안 국제 경쟁으로부터 괴리되었을 것이고 기업 경쟁력은 그만큼 낙후되어 뒷날 심각한 위기에 봉착했을 것이다. 다음 장에서 다룰 멕시코의 경우는 이렇게 실패하고 만 경우의 좋은 사례가 된다. 달리 말하면 부존자원이 없고, 미국은 원조중단으로 압박하고, 국내 시장이 왜소하였던 탓에 한국 정부의 산업화 노력은 수출주도형 전략으로 내몰렸던 것이라고 말할 수 있다.

4) 성과주의에 의한 금융자금 배정

(1) 차관기업 선정

차관도입 중심의 외자정책이 외국인 직접투자를 홀대하면서 한국의 기업들은 한국인 기업가들이 그 경영을 책임질 수밖에 없게 되었다. 그러나 이미 지적한 대로 한국의 낙후된 경영능력은 정부가 계획하고 있는 수많은 기획투자를 원활하게 수행할 수 있는 수준이 아니었다. 당시 한국은 산업화를 거치기 이전의 개도국이었던 만큼 능력을 검증받은 기업가는 거의 없었고 유망한 예비 기업가들도 세상에 전혀 알려지지 않은 상태였다. 금융시장이 발달한 선진국이라면 시장기능이 이들을 선별하여 육성했겠지만 한국에서는 차관지급보증을 제공하는 정부가 선별 기능을 담당할 수밖에 없었다.

그러나 정부가 차관과 기술의 도입을 인가하는 과정에서 아무리 엄격하게 심사한다고 하더라도 잘못 선정된 기업가와 사업은 있기 마련이다. 정부가 1969년에 83개 차관기업들을 대상으로 경영진단을 실시한 결과를 보면 20개 업체만이 건전한 경영을 하고 있었고 41개 업체는 심각한 경영난에 처해 있었다. 이들에 대한 부실기업 정비조치가 일차적으로 이루어진 뒤에도 경제기획원의 1971년 조사는 총 147개의 상업차관 도입 업체 가운데 26개 업체가 상환불능 및 가동률 50% 미만 등의 경영난을 겪고 있었다(재무부 · 한국산업은행, 1993).

본격적인 중화학 드라이브가 추진된 1970년대에는 사전 사업성 검토가 부실하여 상당한 규모의 중복·과잉 투자가 발생하였다. 업종별 우선순위와 재원별 투자대상사업의 명확한 구분 없이 석유화학과 기계공업부문에 대한 차관을 우선적으로 집중 도입하였기 때문이다. 그 결과 대외경제 여건이 크게 악화된 1980년 8월 중화학공업 전체의 평균 가동률은 70% 이하로 낮아졌고 일반기계부문은 34.8%까지 떨어졌다. 수많은 중화학 차관기업들이 부실기업으로 분류되고 외채망국론이 심각하게 제기되기도 하였다.

시장기제를 우회한 정부의 사업자 선정은 엄격한 사전 심사에도 불구하고 이처럼 부실기업을 양산하였다. 사람들은 차관기업 부실화의 이유로 초기의 내수 지향적 수입대체산업처럼 애초에 잘못된 사업 선정, 정부의 지급보증을 악용한 기업주의 도덕적 해이, 정경유착의 부패사슬 등을 지적하기도 한다. 그러나 무엇보다도 중요한 이유는 이렇게 많은 기획투자를 성공적으로 이끌어갈 유능한 기업가가 크게 부족하였다는 점이다. 처음부터 이 점을 알고 경제개발을 시작한 한국 정부는 각종 개발사업을 추진하면서 성과주의 원칙에 따라서 유능한 사업자를 추려왔다고 말할 수 있다.

차관사업을 성공적으로 영위한 사업자에게는 잇달아 다른 차관사업도 허용하였지만 실패로 이끈 사업자는 그것으로 끝이었다. 차관 도입 실적이 늘어나면서 정부로서는 아직 그 능력이 검증되지 않은 신규 사업자보다 이미 몇 번의 차관사업을 성공시킨 사업자를 더 신뢰할 수밖에 없었다. 은행차관으로 도입한 외화자금도 같은 원칙으로 배정되었다. 그뿐이 아니었다. 1960년대 말과 1980년대 초에 이루어진 대대적인 부실기업 처리는 한마디로 말하여 검증된 유능한 기업가들에게 부실기업을 떠안겨 경영을 정상화시키려는 조치였다. 처음 선정할 때는 암중모색이었지만 일단 사업자별 성과가 나타나면 정부는 주저하지 않고 우량 사업자들을 집중적으로 지원하는 반면 불량 사업자를 가차 없이 걸러내었던 것이다.

상업차관은 당시 큰 사업을 새로 시작하거나 사업규모를 대폭 늘리는 데 필수적이었다. 그랬던 만큼 정부의 차관도입 인가는 그 자체가 특혜였다. 그리고 부실기업을 인수하도록 할 때에도 정부는 기존 부채를 상당 부분 탕감하거나 조세금융지원을 추가로 제공하는 등의 특혜를 제공하였다. 정부의 성과주의는 이처럼 한정된 정부자원을 능력이 검증된 몇몇 사업자들에게 집중적으로 지원한다는 원칙이었다.

당연히 탈락자들은 분개하였고 부정부패를 의심하는 여론이 적지 않았다. 특히 부실기업 인수와 관련된 지원에 대해서는 그만큼 지원받으면 아무나 기업경영을 정상화시킬 수 있겠다는 식의 비아냥거림도 있었다. 실제로 경영 정상화보다는 정부의 지원을 받는 데에 더 관심이 있었던 사업자들의 도덕적 해이로 인해 부실기업에 대한 인수경쟁이 과열되는 사태까지 나타났다. 그러나 결론적으로 말하면 정부의 성과주의는 제대로 작동하였다고 평가할 수 있다. 한국의 산업화는 세계가 놀라는 성공신화인데 이 성공적 산업화를 주도한 주체는 결국 정부가 선별한 차관기업들이었기 때문이다.

(2) 관치금융

금융시장에 대한 한국 정부의 시장대행형 개입은 차관자금의 배정에만 국한하는 것이 아니었다. 한국 정부는 1961년에 부정축재 환수조치를 통해 민간 보유의 시중은행 주식을 대부분 국유화하였고 '금융기관에 관한 임시조치법'을 제정하여 시중은행 민간 주주의 의결권을 10% 이내로 제한하였다. 집권 초기부터 시중은행들의 경영권을 장악한 박정희 정부는 완벽한 관치금융체제를 구축하고 원화자금의 배정까지 통제한 것이다.

정부는 경제개발을 효과적으로 추진하기 위하여 전략산업을 선정하고 이들 산업에 대하여 은행자금을 집중적으로 공급하였다. 사업성을 평가하고 타당한 대출선을 정하는 시장지향적 방식이 아니라 정부가 전략적으로 육성하기로 결정한 사업에 대해서는 현재의 사업성에 개의치 않고 자금을 배정한 것이다. 반시장적 여신할당체제에서 은행금리는 자금배분에 전혀 영향을 줄 수 없었다. 1972년 이후부터는 은행금리를 시장금리보다 더 낮게 책정하여 기업활동을 지원하였다. 은행여신을 배정하는 과정도 선별기업지원정책의 한 부분이었다. 별도로 책정한 정책금융에 대해서는 대출금리를 예금금리보다도 더 낮게 책정하였는데, 수출신용장 금액에 비례하여 자동적으로 배정되는 수출금융은 대표적 정책금융이었다. 1970년에 예금금리가 22.8%였을 때 수출금융의 이자는 불과 6%였다.

저축이 부진한 가운데 각종 개발사업에 필요한 자금수요가 폭증하면 통화공급을 늘려서 자금을 조달할 수밖에 없다. 국민 저축을 장려하기 위하여 1965년에 금리를 인상하였지만 워낙 소득 수준이 낮았던 만큼 단기적 효과는 미미하였다. 통화공급 확대는 소위 '개발인플레이션(development inflation)'으로 그대로 이어져서 강제저축(forced saving)을 유발하는 것이다. 소비자 물가 상승률은 1962년 이후 1982년까지 1973년을 제외하고는 줄곧 두 자리 숫자를 유지하였고, 1970년대 중반과 1980년대 초반에는 20%를 훨씬 웃돌기도 하였다. 한국은행은 시중은행에 대한 대출을 확대하는 방식의 통화공급 확대로 개발투자에 필요한 자금을 공급하였다. 한은차입은 시중은행이 개발투자의 자금수요를 감당하는 데 큰 역할을 하였다.

은행여신이 정책목표에 맞추어 사업성을 무시하고 배정된 만큼 당연히 적지 않은 대출이 부실화하였고 시중은행들은 큰 손실을 입었다. 통화공급 확대로 재원을 마련한 대출이 부실화하면 한국은행은 시중은행의 한은차입에 대한 상환을 무기한 연기해주었다. 동시에 새로운 자금수요가 발생하면 더 많은 금액의 자금을 역시 한은차입의 형태로 대출해주었다. 이렇게 누적되어간 시중은행의 '악성' 채무는 결국 1997년 환란기에 한국은행의 부분면제를 받기에 이르렀다. 물론 한국은행은 수출금융과 같은 역금리 대출은 바로 매입하여 그 손실을 직접 부담했고 시중은행이 한국은행에 예치한 지불준비금에 대하여 가끔 이자를 지불하는 방식으로 시중은행의 결손을 부분적으로 보전해주기도 하였다.

관치금융이 시장을 대신하여 원화자금을 배분한 것은 정부지급보증이 상업차관을 배분한 것과 궤를 같이한다. 정부의 개발정책은 원화자금도 결국 차관배정 과정에서 선발된 기업들에게 집중 배정시켰다. 그러므로 차관배정이 성과주의에 따랐던 만큼 관치금융에 의한 원화자금 배정도 성과주의를 따랐다고 말할 수 있다. 부실차관기업들이 나타났던 것과 마찬가지로 은행부문에도 부실채권이 발생하였다. 부실차관기업들은 몇 차례의 기업구조조정을 통하여 정리되었으나 은행의 부실채권은 결국 큰 환란으로 이어졌다.

성과주의를 따랐다고 하더라도 관치금융은 금융시장의 기능을 원천적으로 부정한 시장대행형 정부개입이다. IMF 구제금융까지 받아야 했던 환란을 부른 원인으로 관치금융의 시장대행적 정부개입이 적기에 해소되지 못한 점을 들 수 있다. 그러나 산업화에 성공한 결과를 두고 판단한다면 차관과 원화자금을 배정한 정부의 시장대행적 개입이 한국의 경제개발 과정에서 자원을 성공적으로 배분한 것이 분명하다.

5) 재벌체제의 형성과 문제점

잘 알려진 바와 같이 한국 경제의 민간기업부문은 재벌체제가 주도한다. 한 사람의 총수가 여러 다른 업종에 종사하는 많은 기업들을 거느리고 각 기업의 경영권을 행사하는 기업집단이 재벌그룹이다. 총수는 자신 또는 그 일가의 주식 소유에 의하여 각 계열회사의 경영권 행사에 충분한 의결권을 구조적으로 확보하고 있는 개인으로서 속칭 '오너'라고도 불린다. 공정거래위원회의 자료에 따르면 평균적으로 재벌총수는 그룹 전체 순자본의 5% 정도를 사적으로 출자하면서 각 계열사 의결권의 40%를 장악하는 것으로 되어 있다. 그러므로 오너는 사적으로는 좀 더 많이 출자한 여러 주주 가운데 한 사람일 뿐 결코 재벌그룹의 소유주가 아니다.

그러나 재벌그룹 내 오너의 지위는 '오너'라는 지칭에 걸맞게 각 계열사 주식의 40%를 보유한 주주와 다를 바 없으므로 그 권한은 실질적으로 소유주와 마찬가지다. 오너는 각 계열사의 주주총회를 실질적으로 지배하기 때문에 이사와 감사의 선임권을 독점한다. 그러므로 이사회와 감사가 오너의 뜻을 거스르는 일은 없다. 또 기업사냥꾼이 재벌 계열사에 대한 적대적 인수합병에 성공하려면 40%의 의결권을 누를 수 있을 만큼의 주식을 사들여야 하는데 그 비용이 천문학적 규모다. 그러므로 재벌총수를 겨냥한 적대적 인수합병의 위협은 현실적으로 불가능하다. 기업 지배구조의 내외 요인이 모두 오너를 통제하는 데 무력하기 때문에 오너경영은 황제경영이 되고 마는 것이다.

〈그림 IV-1〉 피라미드형 소유구조

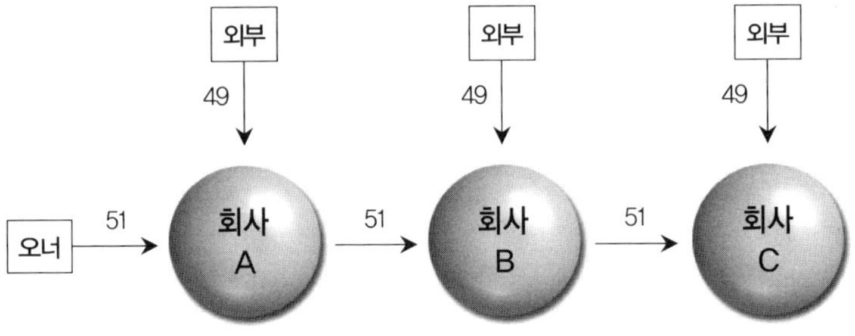

그러면 도대체 재벌그룹 계열사들의 소유구조가 어떻게 되어 있기에 총수는 5%의 사적 출자만으로 40%의 의결권을 행사할 수 있는 것일까? 이 의문에 대한 정답은 피라미드형 소유구조다. 〈그림 IV-1〉을 보자. 오너와 외부주주가 각각 51과 49를 출자하여 회사 A를 창립한다. 그리고 회사 A와 외부주주가 각각 51과 49를 출자하여 회사 B를 창립한다. 회사 B가 같은 방식으로 회사 C를 창설한다. 이 경우 C의 지배주주는 B, B의 지배주주는 A, 그리고 A의 지배주주는 오너가 되므로 오너는 A, B, C 각 회사에서 각각 51%의 의결권을 행사하는 총수가 된다. 그러나 세 기업의 총순자본은 198(= 51 + 49 + 49 + 49)인데 오너의 사적 출자는 51이므로 그룹 전체에 대한 배당권은 51%에 훨씬 못 미치는 26%(=100×51/198)에 불과하다. 오너는 전체 자본의 26%만 출자하고도 특이한 소유구조의 힘으로 51%의 의결권을 항구적으로 보장받는 것이다.

이 피라미드형 사슬은 이론상 얼마든지 더 연장될 수 있기 때문에 오너로 하여금 51의 출자만으로 얼마든지 더 많은 기업의 경영권을 항구적으로 장악하도록 허용한다. 한국의 재벌총수는 피라미드형에 더하여 순환출자까지 활용함으로써 5%의 사적 출자만으로 각 계열사 의결권의 40%를 장악하고 평균 20~30개의 계열사를 거느리는 것이다. 이러한 기업소유구조를 '소주주통제구조(controlling minority structure)'라고 부른다.

한국 재벌그룹의 소유구조가 '소주주통제구조'로 형성된 까닭은 정부의 경제개발정책, 정확히 말하여 선별기업지원정책 때문이다. 앞 절에서 설명한 바와 같이 선별기업지원정책은 능력이 검증된 소수 사업자들에게 기획투자 사업을 집중적으로 맡기고 지원하는 정책이었다. 각 사업자가 책임지고 사업을 추진하려면 해당 기업의 경영권을 장악해야 한다. 그러나 사업자의 한정된 개인 재산만으로는 이 많은 기업 하나하나의 주식을 지배적 대주주가 될 정도로 매입하기는 어렵다. 피라미드형 주식소유는 적은 개인 자금으로 수많은 기업의 경영권을 장악할 수 있는 효과적인 수단이었다.

재벌 창업주들은 이러한 소유구조를 활용하여 산업제국을 건설해 나갔다. 이들 재벌기업들이 세계시장에서 경쟁력을 발휘했기 때문에 한국 경제도 단기간 내에 산업화를 이룩했던 것이다. 능력 있는 기업가가 크게 부족하여 좋은 경영실적을 보인 몇몇 사업자를 집중적으로 활용할 필요가 절실하였던 정부로서는 이러한 소유구조를 오히려 장려한 셈이 되었다. 창업주들은 국가경제의 산업화에 기여하였고 사회는 그 대가로 재벌총수의 자리를 부여한 것이라고 말할 수 있다.

그러나 재벌체제는 총수의 지위를 2세에게 승계하는 단계에 이르면서 총수가 사적 이익을 위해 회사 돈을 빼돌리는 등 많은 문제를 야기하기 시작하였다.[6] 창업주가 총수로 군림하던 시절은 산업제국의 건설과 국가경제의 산업화를 동시에 추진하던 시절이었다. 이 시기의 총수들은 빼돌림보다는 기업집단의 건설에 집중하였다고 할 수 있다. 비록 산업제국 건설에 대규모 국가지원이 있었지만 창업주들

6. 재벌체제의 빼돌림에 대해서는 이승훈(2005) 참조.

은 성과주의에 입각한 정부의 평가를 거쳐서 선발된 사람들이었기 때문에 국가가 재벌총수의 자격을 인정한 것으로 간주할 수 있다. 그러나 2세가 총수를 승계하는 것은 문제가 다르다. 창업주는 공개경쟁을 거쳐서 총수의 자리에 오른 셈이지만 2세는 상속을 통하여 총수가 되는 것이기 때문이다.

유산의 상속은 정당하겠지만 재벌회사의 특이한 주식소유구조는 이와 함께 2세로 하여금 공개경쟁을 거치지 않고 재벌그룹의 경영권까지 상속하도록 만든다. 재벌총수의 지위는 한국 사회가 창업주의 탁월한 경영능력을 인정하고 필요로 하였기 때문에 창업주에게 부여한 것인데, 이 지위를 유사한 능력과 필요성을 인정할 수 없는 2세에게까지 부여해야 할 이유는 없는 것이다.

한국의 재벌기업 가운데 적지 않은 숫자는 이미 세계적 기업으로 성장하였다. 이들은 짧은 기간임에도 불구하고 최고 품질의 제품을 생산하여 세계 시장에 판매하는 일류기업들이 되었다. 그러나 이렇게 벌어들인 돈을 주인인 주주들에게 안전하게 배달하지 않고 총수가 사적 용도에 빼돌려도 되는 후진적 지배구조가 문제다. 잘 만들고 잘 팔지만 이렇게 번 돈을 제대로 배달하지 못하는 점이 현재 한국 재벌기업들이 해결해야 하는 과제로 남아 있다.

4. 한국의 경제개발정책과 시장

한국 경제의 고도성장을 불러온 경제개발정책은 한마디로 말하여 '대외지향적 개발정책'이다. 대외지향적 개발정책은 선진국의 상품시장과 금융시장을 최대한 활용한다. 외자를 적극 도입하여 생산시설을 갖추고 생산활동을 벌인 다음 생산한 제품을 해외로 수출하는 정책인 것이다. 대외지향적 개발정책은 이처럼 선진국 시장을 적극 활용하면서도 국내적으로는 정부가 시장과 기업활동에 깊숙이 개입한다. 국내 시장이 미숙한 탓에 한국 경제가 세계시장과 유리된 채 적절한 위치를 정하지 못하고 있었기 때문이다. 이처럼 시장이 미숙하면 산업화를 시장에만 맡겨둘 수는 없다. 정부는 자유방임을 거부하고 민간부문에 깊숙이 개입하는 개발정책을 펼쳤다.

1) 시장촉진형 정부개입과 시장대행형 정부개입

정부개입에는 두 가지 유형이 있다. 첫 번째 유형은 과거 정부가 인위적으로 왜곡시켜놓은 경제변수들을 정상 수준으로 회복시키는 조치이다. 시장 방식이 개도국의 경제개발에 효과적이라고 주장하는 정통경제학은 개도국의 낙후된 경제상황이 부당하게 억압된 시장기제 때문이라고 진단한다. 그러므로 이 시각에 따르면 정부가 그때그때의 필요에 따라서 의도적으로 왜곡해놓은 시장기제를 정상화하면 모든 문제가 해결된다. 이 경우의 정부개입은 과거 개입이 왜곡해놓은 모든 것을 시정함으로써 시장이 제대로 작동하도록 하는 시장촉진형 정부개입이라고 할 수 있다.

한국 정부의 경제개발정책에서도 시장촉진형 정부개입으로 평가할 수 있는 조치가 몇 가지 있다. 1950년대의 공정환율은 고정환율로서 미군 주둔비 수입을 늘릴 의도적 목적으로 국내 화폐를 고평가하도록 130 : 1로 책정되어 있었는데, 1964년 5월 IMF 협력하의 변동환율로 이행하면서 이것을 225 : 1로 현실화한 조치가 이에 해당한다. 이 조치로 복수환율체계가 단일화되고 달러화 표시 국내 임금이 국제적으로 대만의 절반 수준으로 낮아져서 한국 경제는 본격적인 수출체제로 진입하였다.

그리고 1965년의 현실화 조치로 금리를 정상화시킨 것도 마찬가지다.[7] 정부는 기업활동을 지원하기 위해 금리를 고정시켜두었는데 극심한 인플레이션으로 인해 실질금리가 마이너스로 변하였다. 그렇지 않아도 낮았던 저축률은 더욱 낮아졌고 내자조달은 더욱 어려워졌다. 저축을 장려하기 위해서라도 금리 인상이 필요하였다. 이 시점의 금리현실화는 뒷날 높은 민간 저축률을 불러온 출발점이 되었다.

두 번째 유형은 정부가 나서서 현실 시장의 신호를 왜곡하는 형태의 개입이다. 현재의 시장으로는 결코 개도국의 경제개발을 선도할 수 없다고 믿을 때 정부는 이러한 개입을 선택한다. 수출을 장려하고 전략산업을 육성하기 위한 정부의 각종 지원이 이 유형에 속한다. 정책금리를 시장금리보다 낮게 정하고, 국산품과 경쟁관계에 놓인 수입품에 대하여 수입관세를 높이면서 수출품 생산에 필요한 원자재에 대해서는 수입관세를 감면하는 조치 등이 이러한 정부개입의 예가 된다.

정태적 비교우위를 반영하는 현실의 시장신호는 일반적으로 개도국 기업들로 하여금 전통산업에 안주할 것을 요구한다. 현재의 시장신호에서 각국이 최선을 다한 결과가 선진산업국은 공산품에 전문화하고 후발개도국들은 힘든 산업화보다는 전통적 농업에 종사하는 현재의 상태라는 것이다. 각국이 현재 잘하고 있는 분야에 그대로 종사할 때 가장 큰 이익을 얻는다면 개도국이 굳이 산업화를 이루려고 안달할 이유가 없다. 시장성과가 항상 효율적이라면 현상이 최선이고 시장신호도 각자 현상을 유지하도록 권고한다.

그러나 산업화는 각국의 생산능력을 본질적으로 혁신하는 변화다. 개인이건 나라이건 간에 현재 자신의 생산능력을 혁신하려 할 때에는 능력개발보다는 현재의 능력에 따라서 최선을 도모하도록 권유하는 시장신호를 따르는 것이 오히려 불리한 경우가 많다. 시장의 발달 정도가 미숙하면 시장신호가 동태적 최적상태로 제대로 안내하지 못하는 경우가 많은데 이 경우에 특히 그러하다. 개도국의 산업화에 시

---

7. 이 조치로 1년 만기 정기예금 금리는 연 15%에서 26.4%로 크게 올랐고 상업어음 할인 금리도 연 14%에서 24%로 올랐다.

장신호를 전략적으로 왜곡하는 정부개입이 필요한 것은 이 때문이다. 이러한 정부개입은 시장대행형 개입인데 다분히 반시장적이다. 그러나 시장대행형 개입이라도 국내 기업의 국제 경쟁력을 높이기 위한 경우라면 시장촉진형으로 분류된다.

2) 왜곡되고 미숙한 개도국 시장

일제 식민지 통치는 한국으로 하여금 왜곡된 '근대화'를 경험하도록 강요하였고 그 결과 한국 사회에 복잡한 유산을 남겼다. 왜곡되었더라도 근대화의 경험은 유용한 것일 수 있지만 그 산물, 예컨대 시장의 작동방식은 근대화 과정이 왜곡된 만큼 기형적 구조로 정착되었을 가능성이 있다. 20세기 후반의 개도국 가운데에는 한국과 같이 식민지의 쓰라린 경험을 공유하는 나라가 많다. 이들 개도국이 경제성장에서 뒤처진 이유로는 정부규제가 시장을 억누르고 있기 때문이라기보다는 왜곡된 시장이 너무 강력하게 작동하고 있기 때문이라고 보는 것이 옳다는 지적도 있다(Amsden, 1989).

개도국 시장은 다각적으로 왜곡된 만큼 그 시장신호의 신뢰도를 교과서적 시장신호와 같은 수준으로 평가하면 안 된다. 실제로 1960년대 초 한국 경제의 시장신호는 수출에 대하여 부정적이었는데 지금 되돌아보면 부정적 시장신호를 거스른 것이 올바른 선택이었다. 잉여농산물 원조물자를 원료로 생산한 제품의 해외 수출을 미국이 금지한 조치는 당시 전후 한국이 모처럼 갖춘 주요 산업의 수출산업화를 불가능하게 만들었다. 환율은 낮았고 달러 표시 임금은 높았다. 국산품의 국제 가격도 매우 높았다. 왜곡된 시장이 보내는 시장신호는 한결같이 수출이 수익성 없는 활동임을 알리고 있었다. 만약 한국이 이 시장신호에 순응하였다면 한강변의 기적은 일어날 수 없었을 것이다.

개도국 시장신호의 결함은 이자율에서도 잘 나타난다. 소득이 낮아서 저축할 여력이 없는 개도국의 시장은 투자를 부진한 저축과 일치시키는 수준의 높은 이자율을 결정할 것이다. 그러나 저축률이 낮아서 투자가 부진하면 소득이 증가할 수 없고 소득이 늘지 않으면 저축도 늘지 않는다. 이러한 악순환에 함몰된 개도국 시장은 개도국 경제를 빈곤으로부터 해방시키지 못하는 것이다. 개도국이 투자를 늘리려면 이자율을 현 수준보다 더 낮추어야 하고, 저축을 늘리려면 반대로 이자율을 올려야 한다. 개도국 시장은 현재의 이자율이 주는 신호만으로는 투자와 저축을 동시에 늘릴 수 없다. 투자와 저축에 별개의 금리가 적용되도록 만드는 초시장적 조치가 필요한 것이다.

한국 정부가 고이자율을 유지하던 1972년까지 차관기업들은 낮은 이자율의 장기 해외 차관을 도입하여 투자하였다. 저축을 위해서는 높은 금리를 유지하면서 투자에는 낮은 금리를 적용하도록 한 것이다. 여기에 대출금리가 예금금리보다도 낮은 정책금융까지 가세함으로써 서로 다른 여러 개의 이자율이 동시에 통용되었다. 시장이 결정하는 정상적 수준의 이자율은 사금융부문에서나 통용되었을 뿐이다. 이처럼 개발정책이 만들어낸 복수이자율체제도 시장기제에 반하는 정부개입인 것이다.

개도국의 경제개발을 선도하는 정부개입은 이처럼 명백히 반시장적인 경우가 많다. 그러나 이 반시장성이 부정하는 시장은 현재 개도국의 미숙한 시장임을 명심할 필요가 있다. 규모가 작고 깊이도 얕은 개도국의 시장은 선진국의 원숙한 시장처럼 작동하지 못한다. 개도국 경제를 현재의 미숙한 시장이 작동하는 대로 맡겨두면 현재의 생산능력에 안주하면서 최적의 상태를 찾을 뿐이다. 미숙한 국내시장이 보내는 시장신호는 결함이 적지 않아서 결코 신뢰할 수 없기 때문에 정부개입으로 적절히 보완해야 한다는 것이다. 즉 시장원리를 거부하는 정부개입이라기보다는 미숙한 시장이 수행하지 못하는 기능을 보완하는 정부개입인 것이다.

개도국의 산업화를 미숙한 국내 시장에는 맡길 수 없지만, 그렇다고 해서 선진국의 상품·금융 시장에 참여하는 방식마저 외면하는 산업화는 결코 성공할 수 없다. 비록 현재의 경제개발정책이 미숙한 국내 시장에 대해서는 그 신호를 거부하는 반시장적 형태로 전개되지만 세계 시장의 신호는 항상 올바른 것으로 수용해야 하는 것이다. 개도국 정부가 세계 시장의 신호를 무시하거나 거부한다면 폐쇄경제로 갈 수밖에 없는데 그 길은 올바른 산업화의 길이 아니다.

산업화라고 하는 과업은 궁극적으로 개도국 경제가 생산능력을 혁신하고 선진국 시장이 주도하는 국제 분업체제에서 당당하게 자기 위치를 확보해야 완결된다. 그리고 산업화가 완결되면 개도국의 시장도 충분히 원숙하게 작동할 수 있는 단계에 돌입하므로 개발 과정에서 부과된 각종 시장대행적 조치를 점차적으로 해제해야 한다. 개도국의 산업화가 성공적으로 진전되면 국내 시장의 규모도 커지기 마련이다. 산업화의 진전에 따라서 개도국 시장의 규모가 커지고 내실화도 깊어지면 그 시장신호의 신뢰성도 높아진다. 국내 시장의 신호도 존중해야 할 단계에 이르는 것이다. 그런데 이에 맞추어 정부개입의 반시장성이 적절히 시정되지 않으면 불의의 문제를 야기할 수 있다. 1997년 말부터 시작된 대환란의 원인 가운데에는 개발연대의 반시장적 정부개입이 적기에 해소되지 않고 남아 있었던 탓도 적지 않다.

3) 농업, 노동시장과 사회복지

(1) 산업화 과정에서 농업의 역할

수출주도형 산업화전략은 세계 시장을 겨냥하므로 어느 산업이 수출산업으로 일단 성공하면 그 생산규모는 국내 시장의 규모를 훨씬 능가한다. 그러므로 성공한 수출산업은 같은 산업이 수입대체용으로 머물 때보다 더 많은 인력을 고용할 수 있다. 성공한 수출산업이 연관 산업을 일으키고 또 수출산업에 종사하는 인력의 소득이 서비스 수요를 촉발하여 서비스산업을 일으키면 고용효과는 더욱 파급된다. 일반적으로 표준화된 제조업보다는 주문형 서비스산업이 더 많은 일손을 필요로 하기 때문에 수출산업의 성공으로부터 파급되는 고용효과는 훨씬 더 크다.

그렇다고 하더라도 산업화가 충분히 이루어질 때까지는 어떠한 산업화전략도 국내의 모든 실업인구를 다 고용할 수는 없다. 전통산업인 농업은 산업화 과정의 고용 문제를 개선하는 데 효과적으로 기여한다. 산업화 이전에는 한국 인구의 60%가 농업에 종사하고 있었으므로 대다수 국민은 농사의 노하우를 알고 있다. 도시부문의 제조업체에서 일자리를 구하지 못한 농촌 인력이 그대로 농촌에 남아서 농업에 종사하면 실업인구를 그만큼 줄일 수 있다. 산업화 과정에 놓인 산업부문이 국민 모두에게 일자리를 제공하지 못하는 상황이라면 전통산업인 농업부문이 고용의 일부를 책임질 수 있다는 것이다.

개도국이 산업활동을 일으키기 위해서는 선진국으로부터 장비와 기술을 제공받아야 하는데, 외화자금은 이에 대한 대가를 지불할 때 필수적이다. 부족한 외화를 절약하려면 국내 생산이 가능한 것은 최대한 국내 생산으로 조달해야 한다. 식량은 절대적 필수품이므로 모자라면 수입하여 충당해야 한다. 그러므로 식량을 국내에서 생산한다면 그만큼 수입할 필요가 줄어들기 때문에 외화를 절약할 수 있다.

개도국의 산업화 과정에서 농업은 고용유지에 더하여 이처럼 외화절약 기능까지 감당한다. 그러므로 비록 국내 농업이 국제 경쟁력을 갖추지 못한 상태라고 하더라도 산업화 과정에서 농업은 고용유지와 외화절약이라고 하는 중요한 보완적 역할을 수행하는 것이다.

농업은 또 노령연금제도가 아직 시행되지 못한 산업화 단계에서 중요한 사회복지 기능을 담당한다. 1960년대 산업화가 시작하면서 많은 인구가 농촌에서 도시로 이주하였다. 이주민 가운데에는 가족이 모두 농촌을 떠난 가구도 적지 않았지만 젊은이들이 노령층만 남기고 떠나온 경우가 훨씬 많았다. 도시의 현대 생활환경에 적응하기 어려운 노령층은 농촌에 남기를 원하기도 하였다. 그 결과 농업은 노령연금으로 부양했어야 할 노령층을 봉양하는 산업으로 기능하게 된 것이다.

농업은 이처럼 고용유지와 외화절약, 사회보장 등의 순기능을 발휘했지만 그 국제 경쟁력이 취약한 점이 문제였다. 농민의 수입을 보장하기 위해서는 농산물 가격을 높게 책정해야 하지만 그렇게 되면 도시 근로자들의 임금을 큰 폭으로 인상해야 한다. 그러나 양질의 저임금 노동력에 수출경쟁력을 의존하던 한국 경제는 높은 임금을 감당할 능력이 없다. 낮은 임금을 유지하기 위해서는 농산물 가격도 낮아야 하는데 그렇게 되면 이번에는 농민들이 견딜 수 없다. 이 딜레마를 해결하기 위하여 도입된 제도가 바로 '이중곡가제도'다.

정부는 1969년부터 쌀과 보리에 대한 이중곡가제도를 시행하기 시작했는데 1975년에는 쌀 80kg을 1만 9,500원에 수매하여 1만 6,730원에 방출하였다. 수매가를 높게 책정하여 농민을 도와주면서 방출가는 낮게 책정하여 소비자를 도와준다는 계획이었다. 이후 수매가와 방출가의 격차는 점점 더 커져서 원래 의도하던 정책목표를 충분히 달성하였지만 다른 한편으로는 이로 인한 재정적자가 감당할 수 없을 만큼 증가하였다. 1990년에 이중곡가제도가 유발한 재정적자가

4조 5,000억 원에 이르면서 정부는 결국 수매량을 줄이고 방출가격도 인상하는 조치를 취하지 않을 수 없었다. WTO가 출범한 이후 농업개방이 불가피해지면서 수매량은 더욱 줄어들어 지금은 유명무실하게 되었다.

앞에서 소개한 복수이자율 정책과 마찬가지로 이중곡가제도 또한 반시장적 정부개입의 산물이다. 그러나 쌀값을 시장에 맡기고 정부가 개입하지 않았다면 농업이 붕괴하거나 아니면 수출기반이 붕괴하는 혼란을 피하기 어려웠을 것이다. 1990년이면 우리의 국민소득도 어느 정도 상승한 시점이었으므로 수매량을 감축하고 방출가격을 인상하는 방식으로 이중곡가제도를 정비하는 데 따른 충격은 큰 무리없이 수용되었던 것이다. 우루과이라운드 협상 결과 농업개방이 불가피해지면서 이중곡가제도는 점차 축소되어왔다.

고용유지, 외화절약, 사회보장 등 농업부문의 3대 역할은 산업화 추진에 적지 않게 기여하였고 이중곡가제도는 그에 소요되는 비용을 조달하는 반시장적 방법이었다. 농업부문을 개방하지 않고 이 역할을 수행하도록 보호한 정책도 반시장적이다. 그러나 산업화가 어느 정도 성공하면서 굳이 농업부문에 이 역할을 부담시키지 않아도 될 정도로 국가경제의 힘이 강화되었다. 또 세계화의 시대조류가 농업개방을 기정사실화하면서 반시장적 보호는 한시적 조치로 바뀌었다. 산업화가 진전되면 초기에 필요했던 반시장적 정부개입은 이처럼 점진적으로 소멸하는 것이다.

(2) 저임금 수출전략과 노동 문제의 대두

경제개발 초기부터 1990년대에 이르기까지 한국 경제는 국제 경쟁력의 바탕을 양질의 저임금 노동력에 두고 있었다. 각종 재정·금융 지원책으로 수출을 독려하는 정부로서는 이 경쟁력을 무너뜨리는 어떠한 조치도 결코 용납할 수 없었다. 농촌의 유휴인력 풀이 결국 소진되는 1970년대 후반부터(배무기, 1982) 노동자들은 임금 인상과 근로조건 개선을 요구하기 시작하였지만 정부는 노동조합의 결성과 단체행동을 허용하지 않았고 노동운동을 철저히 탄압하였다.

초기의 수출상품 생산은 학습효과를 위하여 수익성 낮은 저가품 수출을 겨냥하여 시작한 것이었으므로 저임금의 이점을 최대한 활용할 필요가 있었다. 정부는 전반적 수출활동이 정부지원 없이도 경쟁력을 발휘할 때까지는 저임금이라고 하는 수출 경쟁력의 기반을 포기할 수 없었던 것이다. 그 결과 1987년까지 임금과 1인당 GNP의 동향을 보면 임금상승폭은 1인당 GNP 증가폭에 비하여 상당히 낮았다.[8] 그러나 정부는 노동운동은 강력히 통제한 반면 사용자들의 부당노동행위에 대해서는 관대하였다. 법 집행 과정에서 드러난 정부의 이중적 태도는 기업의 노무비용을 줄이려는 것이었지만 당연히 노동자들의 불만은 더욱 고조되었다.

노동자들의 불만은 1988년 서울올림픽이 끝난 뒤부터 전국의 수많은 단위사업장에서 동시다발적 파업의 형태로 폭발하였다. 사용자들은 노동자들이 요구하는 임금인상은 한국의 수출에 치명타를 입힐 것이고 결국 노동자들의 일자리까지 위협할 것이라고 주장하면서 맞섰지만 역부족이었다. 대부분의 파업이 법에서 규정한 절차를 무시한 불법파업이었으나 그동안 사용자의 부당노동행위를 방치해온 국가는 법치의 명분을 잃고 속수무책이었다. 결국 사용자 측이 노조의 요구를 대부분 수용하는 형태로 노사분규는 정리되었고 임금은 큰 폭으로 상승하여 1992년경에는 1인당 GNP 상승폭을 엇비슷하게 따라잡았다.

임금이 큰 폭으로 상승하였지만 수출은 그다지 큰 타격을 입지 않았다. 다만 저임금에 의존하던 신발 등의 제조업이 해외로 이전함으

8. 1972년 수치를 100으로 잡을 때 1987년 현재 1인당 GNP는 2039.4인 데 비해 제조업 평균임금은 1732.9에 불과하였다(이승훈, 2005).

로써 고부가가치형 중화학공업의 비중이 더욱 높아지는 쪽으로 산업 구조가 개편되었다. 그리고 소득이 오른 근로자들의 수요가 외식과 관광 등의 서비스산업을 발전시켰다. 임금이 크게 올랐는데도 국가 경제의 수출이 별 타격을 입지 않았고 고도성장의 추세도 꺾이지 않으면서 사용자들에 대한 근로자들의 불신은 더욱 커졌다. 노사관계는 매우 적대적으로 악화하였고 노동자들은 대화보다 투쟁을 선호하게 되었다. 세계적으로도 좋지 않은 평판을 지니고 있는 한국의 노사관계는 이렇게 형성된 것이다.

정부가 고용보호법제(employment protection legislation)를 근로기준법에 명시적으로 도입한 것은 1996년의 일이다. 기업이 경영상의 이유를 내세워 함부로 해고하는 관행을 단속하기 위하여 해고의 요건과 절차를 법조문에 명시하였다. 그동안 법원 판례가 처리한 내용을 외국의 고용보호 수준과 비교하여 절충한 내용을 명문화한 것이다. 비록 고용보호의 정도가 강한 것은 아니라고 하지만 강력한 노조의 힘이 가세하면서 결과적으로 해고를 어렵게 만들었다. 비슷한 시기에 '대법원전원합의체'는 고용기간 계약이 당사자 간 합의사항이라고 결정함으로써 고용보호를 받지 못하는 기간제 근로자를 대규모로 고용할 수 있도록 만들었다.

이후 한국의 노동시장은 강력한 노조가 결성된 대기업부문의 경직된 노동시장과 고용보호를 받지 못하는 비정규직 노동자들이 주류를 이루는 중소기업부문의 유연한 노동시장으로 분화되었다. 비정규직 노동자들까지 고용보호를 받도록 해야 한다는 노동계의 요구와 노동시장 유연화를 요구하는 사용자 측의 요구가 팽팽히 맞서는 가운데 국회는 2007년 동일노동 동일임금의 원칙과 기간제 고용은 최초 2년에 한한다고 규정한 비정규직법을 통과시켰다. 그러나 이 법은 노동시장 유연화를 요구하는 사용자 측과 비정규직의 정규직화를 요구하는 노동자 측의 어느 쪽의 지지도 얻지 못하였다.

직장은 근로자의 생활터전이다. 직장이 불안하면 근로자들의 생활이 불안해진다. 고용보호법제는 결국 근로자들의 생활터전을 안정시키려는 제도인 것이다. 그러나 사용자의 해고권을 제한하면 기업은 불필요한 인력도 떠안아야 한다는 부작용을 빚는다. 기업의 효율적 고용구조와 근로자의 생활안정은 양립하기 어려운 것이다. 그리고 한번 고용한 근로자는 해고하기 어려운 만큼 사용자들은 신규채용을 꺼리게 되고 이에 따라 국가경제 전체의 고용실적도 부진하게 된다.

한편 고용보호법제는 이미 취업한 근로자의 임금 교섭력을 부당하게 강화한다. 취업 근로자가 임금협상에서 시장임금보다 더 높은 임금을 요구하더라도 사용자는 이 때문에 이 근로자를 해고하고 시장임금의 다른 신규 근로자로 대체할 수 없기 때문이다. 더 높은 임금을 요구한다는 이유 때문에 근로자를 해고할 수 없는 사용자는 결국 시장임금보다 더 높은 수준의 임금으로 합의할 수밖에 없는 것이다. 그러므로 고용보호법제는 취업 근로자의 직장안전성을 보장하는 선을 넘어 그 교섭력까지 강화해줌으로써 시장의 작동을 왜곡한다.

명백히 반시장적인 고용보호법제를 정부가 도입한 배경에는 개발과정에서 저임금 경쟁력을 위협하는 노동운동을 장기간 탄압한 데 대한 사회적 배려가 작동하였다고 봐야 한다. 1988년 이후 폭발한 불법파업이 사회적으로 용인될 수 있었던 것도 같은 국민정서가 주류였기 때문이다. 지금의 적대적 노사관계와 비정규직 문제를 촉발시킨 원인의 뿌리는 저임금 경쟁력을 최대한 활용한 경제개발정책인 것이다.

(3) 미숙한 사회복지

사회복지제도는 기본적으로 시장경제의 그늘을 보살피는 틀이다. 시장경쟁에서 최빈곤층은 소외되기 쉬우며, 스스로 생활을 꾸리는 사람이라도 불의의 재난을 당하면 자력으로 헤어나지 못하기도 한다.

이처럼 개인이 사회적 도움을 필요로 하는 상황에 빠져도 시장이 외면할 때에는 정부의 개입이 필요하다. 정부는 각종 제도와 예산을 마련하여 사회복지제도를 운용한다.

사회복지사업은 사회부조(social assistance), 사회적 서비스(social services), 사회보험(social insurance) 시행 등 세 가지로 대별된다. 그러나 이 밖에도 노동정책이나 보편적 서비스(universal services) 제공과 같이 명시적으로 사회복지사업으로 분류되지는 않지만 특성에는 차이가 없는 사업들도 있다. 사회복지사업을 펼치는 데에는 적지 않은 비용이 소요된다. 비용부담 주체와 조달방식은 사업에 따라서 다른데 가장 중요한 비용부담 주체는 정부다. 정부는 수행하고자 하는 복지사업을 결정하고 예산을 편성하여 국회의 의결을 거쳐 시행하는 것이다. 도움이 필요한 사람에게 현금 또는 현물을 제공하는 사회부조, 그리고 각종 사회적 서비스의 제공 등이 그런 사업들이다. 정부는 이들 사업에 소요되는 모든 비용을 부담한다.

정부가 일부 비용을 부담하면서 시행하는 사업으로는 국민건강보험, 국민연금, 산업재해보험, 고용보험 등 4대 사회보험이 있다. 정부는 운영행정비용을 부담하고, 정부가 사용자인 경우에는 보험료 납부에도 기여한다.[9] 이 밖에 고용보호법제나 보편적 서비스 제공 등의 조치도 사회복지사업의 성격을 갖추고 있지만 정부는 전혀 비용을 분담하지 않는다. 고용보호로 인한 비용은 근로자를 고용하는 사용자가 부담하고 보편적 서비스를 제공하는 데에 드는 비용은 일반요금 납부자들이 부담한다.

사회복지사업은 시장이 외면하는 부문을 다루는 만큼 해당 정부개

---

9. 정부는 4대 사회보험을 관리하면서 관리행정비용을 부담하며, 공무원의 사용자로서 사용자의 기여분을 부담한다. 이 밖에 농어촌지역 주민들의 국민연금 부담액 가운데 3,000원씩 보조하며, 사립학교 교원연금의 학교재단 부담금 50%의 60%, 즉 전체 기여금의 30%를 보조한다. 그리고 저소득층에 대해서는 국민건강보험 보험료를 보조한다.

입은 대체로 반시장적이다. 시장경쟁이 결정한 소득을 정부가 개입하여 재분배하는 것이다. 한국의 사회복지사업 규모는 대단히 미미하였다. GNP 대비 사회보장비 지출의 비율은 1965년에 0.71%이던 것이 1986년에는 2.31%로 늘었다. 2000년대 초반에 들어서면서 6%까지 증가하였지만 OECD 국가의 평균 수준인 20% 초반에 비하면 아직도 미미한 실정이다. 결국 사회복지사업이 반시장적 정부개입이기는 하지만 한국의 경우 개입규모가 너무 작기 때문에 그 반시장성이 경제개발에 끼친 영향도 무시할 정도라고 할 수 있다.

4) 반시장적 정부개입의 목표는 기업경쟁력 향상

한국 정부가 제공한 각종 재정금융적 지원정책은 분명히 반시장적 조치가 주류였지만 그 목표는 세계 시장에서 경쟁할 수 있는 기업들을 육성하는 것이었다. 차관에 대한 지급보증과 수출금융은 국내 기업이 세계 시장에 접근조차 할 수 없었던 시대에 고안된 정책이다. 이 정책은 성공을 거두어 한국을 세계의 산업국으로 우뚝 세운 기업들을 길러낸 것이다. 그리고 이 '반시장적' 개발정책들은 한국 기업들이 세계 시장에서 경쟁력을 발휘하기 시작하면서 점차 완화되고 결국 폐지되었다.

개도국 시장이 미숙하기 때문에 그 대안으로 등장한 것이 반시장적 개발정책이었다. 이 '반시장적' 조치가 국내 기업을 세계 시장에서 자력으로 경쟁할 수 있도록 만들고 임무를 끝낸 다음 적기에 해소된다면 이것을 반시장적 개발정책이라고 분류하는 것은 단견이다. 물론 정부가 항구적으로 유지해야 하는 반시장적 개입도 있었다. 경제개발과 시장발달 수준에 구애받지 않고 계속 시장에 맡길 수 없는 사회보장정책이나 노동정책, 농업정책, 그리고 공공성을 실현한다는 목표로 정부가 직접 관장하는 경제활동 같은 것들이 그것이다. 엄격하게 말하자면 이러한 개입의 정당성에 대해서도 더 엄밀한 연구와 검토가 필요하지만 한국의 경우에 그러한 개입의 규모가 상대적으로 근소하였다는 점이 두드러진다. 모든 활동의 주요 목표는 국가경제의 산업화였던 것이다.

결론적으로 말하여 선진국이라면 시장에 맡겨야 할 일을 정부가 관리하는 외견상 반시장적 정부개입도 다음의 두 조건을 충족하면 궁극적으로는 친시장적 정부개입이다. 첫째, 정부의 경제개입이 미숙한 시장을 보완하여 경쟁력 강한 국내 기업들을 육성하는 일을 목표로 삼는다. 둘째, 많은 국내 기업들이 국제 경쟁력을 갖추고 난 후에는 적절한 시기에 폐지된다. 이 기준에 의하면 한국 정부가 경제개발을 위하여 펼친 대부분의 정책은 궁극적으로 친시장적 정부개입이라고 말할 수 있다.

V. 멕시코의 경제개발정책과 시장

1. 배경

멕시코는 중미의 대국이다. 한국과 마찬가지로 OECD 회원국인 멕시코는 2004년 현재 인구가 1억을 웃돌고 석유를 비롯한 각종 자원이 풍부하지만 1인당 GDP는 미화 6,700달러로서 같은 시기 한국의 1만 4,200달러의 절반 수준인 개도국이다. 지금은 그렇지만 우리의 1인당 GDP가 106달러이던 1965년만 해도 멕시코는 우리보다 5배나 더 높은 505달러를 기록한, 훨씬 앞선 나라였다.

콜럼버스가 미 대륙을 발견한 이후 스페인의 식민지로 출발한 멕시코는 1810년부터 1821년까지 10여 년에 걸친 독립전쟁에서 승리하여 마침내 독립을 쟁취한다. 그러나 단기간의 왕정을 거쳐 연방주의자와 중앙집권주의자 간의 내전에 휩싸이면서 혼란기로 접어들게 된다. 그 와중에서 텍사스를 잃자, 이에 반발한 멕시코 정부는 미국과 전쟁을 벌인다. 그러나 전쟁 결과 오히려 캘리포니아 지역까지 모두 잃었고 독재와 군정, 그리고 왕정이 교차하는 혼란을 거듭하다가 1876년 독재자 디아스(Porfirio Diaz)가 등장하면서 가까스로 안정을 찾았다.

이후 1911년까지 디아스가 장기집권한 소위 '포르피리아토(Porfiriato)' 기간 동안 디아스는 중앙통합적 근대국가 구축을 완성하고 철도 통신망을 건설하며 근대산업을 육성하는 등 멕시코 경제발전을 위해 많은 것을 이루었다. 그렇지만 다른 한편으로는 경제적 불평등을 심화시키고 반대파에 대한 정치적 억압을 자행하여 민심을 크게 잃었다. 이처럼 국민적 지지를 잃은 상태에서 치러진 다섯 번째 선거에서 연속집권을 노린 디아스는 부정선거를 획책하였다. 결국 이 사건이 문제가 되어 1910년부터 발발한 내란은 독재자 디아스를 축출하면서 멕시코혁명(Mexican Revolution)에 불을 붙였다.

공식적으로는 1917년 멕시코 헌법을 반포하는 것으로 혁명이 마무리되었지만 정치적 혼란은 지속되었다. 결국 1929년에 창당된 '국민혁명당(Partido Nacional Revolucionario)'의 집권이 장기적 안정을 확보하면서 정치적 혁명은 실질적으로 종결되었다고 할 수 있다. 이후 1930~1970년의 기간 동안 멕시코는 광산과 석유산업을 국유화하면서 국가주도적 수입대체형 산업화로 괄목할 만한 경제성장을 이루고 소위 '멕시코의 기적(El Milagro Mexicano)'을 시현한다. 국민혁명당은 1946년에 당명을 '제도혁명당(Partido Revolucionario Institucional, PRI)'으로 바꾸고 20세기 말까지 장기집권하는 데 성공하였다.

제도혁명당이 장기집권하는 동안 멕시코 정부는 사회발전과 더불어 기본적으로 민족주의에 입각한 수입대체형 개발전략을 채택하고 국가간섭적 경제개발정책을 펼쳤다. 그렇지만 기적이라고 평가된 초기의 성과에도 불구하고 몇 차례에 걸친 국가적 경제위기를 자초하면서 부진을 면치 못하고 있다. 1980년대 중반부터 결국 경제운용의 방향을 180도 전환하여 시장의존적 개방화의 길을 걷고 있지만 그 이후에도 국가경제의 어려움은 여전한 상태다. 이 장에서는 사회발전과 경제발전을 동시에 추구한 멕시코 정부의 수입대체형 개발전략에 기초한 국가간섭주의적 개발정책의 기본 특성을 개관하기로 한다. 특히 개발정책의 반시장성을 살펴보고 이 특성이 초래한 결과를 간략하게 살펴볼 것이다.

2. 중남미 민족주의와 미제국주의

멕시코를 비롯한 중남미 국가들의 공통점 가운데 하나는 20세기 중반에 들어서면서 거의 모든 나라가 국가주도적 산업보호주의(state-led industrial protectionism) 노선을 선택했다는 점이다. 나라마다 차이는 있으나 이 선택은 중남미 특유의 경제적 민족주의(economic nationalism)와 긴밀하게 연관되어 있다. 이 시기 중남미 국가들의 민족주의는 본질적으로 미국의 제국주의적 팽창을 경계하는 데서 비롯한다. 특히 미국과 전쟁까지 벌이고 방대한 영토를 상실한 피해자로서 멕시코의 민족주의는 더욱 그러하였다.

중남미 주요 국가들의 경제는 1870년부터 한동안 미국과 비슷한 성장률로 성장해왔고(Maddison, 2003), 비록 혁명전쟁의 와중에서 어려움을 겪기는 했지만 멕시코 경제도 마찬가지였다. 산업화에 성공한 미국과 1차 산업에 머물러 있는 중남미 국가 사이에 경제구조에서 근본적 차이는 있었지만 적어도 양적 성장의 차이는 두드러지지 않았던 것이다. 그러나 미국의 공산품이 국제 무역을 통해 국내 시장 깊숙이 침투해오는 데 대한 불안감은 미국에 대한 중남미 국가들의 경계심을 유발하기에 충분하였다. 텍사스를 빼앗긴 이후 캘리포니아까지 줄곧 국토를 잠식당한 멕시코의 대미 경계심은 더욱 심했다고 할 수 있다.

제2차 세계대전 중 전쟁에 휘말린 미국은 멕시코로부터 군수용 물자를 대량으로 수입해갔다. 멕시코의 생산체제가 미국의 전쟁수요에 맞출 수밖에 없게 된 것을 멕시코 경제에 대한 미국의 영향력 강화로 파악하고 우려하는 시각도 있었으나, 다른 한편으로는 이러한 관계 강화를 통하여 미국의 자본과 기술이 전후 멕시코 경제의 산업화에 큰 도움이 될 것으로 멕시코는 기대하였다. 그러나 전쟁이 끝나자마자 미국과 소련 간에 냉전이 시작되면서 유럽의 복구 문제가 긴박해졌다. 미국은 중남미를 안정적 원자재 공급원으로 삼아 유럽을 복구하는 것을 최우선과제로 삼았는데, 이러한 상황전개는 산업화하는 데 미국의 협력을 기대하고 있던 멕시코로서는 크게 실망스러운 것이었다. 실제로 1948~1957년 기간 중 미국의 전체 대외원조 가운데 중남미에 배정된 양은 고작 2.4%에 불과하였다(Pollard, 1985). 미국은 원조 제공을 확대하기는커녕 도리어 미국의 민간투자가 중남미에 진출할 수 있도록 투자여건을 개선해주도록 압박했는데, 이러한 강압적 요구는 미제국주의에 대한 중남미 국가, 특히 멕시코 사회의 경각심만 불러일으켰다.

3. 프레비쉬의 구조주의

중남미 국가들이 20세기 중반에 경제적 민족주의를 내세워 국가주도적 산업보호체제를 강화하도록 만든 이념적 배경은 프레비쉬(Raul Prebisch)의 구조주의(structuralism)로 정리되어 있다. UN의 경제사회이사회는 1948년 2월 25일 '중남미경제위원회(Economic Commission for Latin America, CEPAL)'를 창설하기로 의결하고 아르헨티나 경제학자인 프레비쉬를 초대 사무총장으로 임명하였다. 비판적 경제학자인 프레비쉬는 세계 경제구조를 산업화된 중심부(center)와 식품 및 원료를 수출하는 주변부(periphery)로 나누어 파악하였는데, 중남미경제위원회(CEPAL)의 시각에서 본 것이므로 중심부는 물론 미국이고 주변부는 중남미 국가들이다. 그리고 국제 관계를 중심부와 주변부 간에 구축된 구조적 관계(a set of relations)로 정의하고 주변부의 문제를 다음의 세 가지로 파악하였다(Prebisch, 1949).

첫째, 농림·광업 부문의 생산성 발전은 자연조건의 제약을 크게 받기 때문에 농산물과 천연자원을 수출하는 주변부의 전통적 수출산업의 성장속도 역시 자연조건의 제약을 받지만 중심부의 제조업은 이러한 제한 없이 성장할 수 있다. 따라서 주변부가 농촌지역의 초과인구를 흡수할 수 있을 정도로 고용을 확대하려면 전통산업에만 의존해서는 안 된다. 주변부 국가들은 산업화를 이루어야만 대규모 구조적 실업을 벗어날 수 있다. 둘째, 주변부 국가들은 농산물과 광산물을 수출한 것보다 더 많은 공산품을 수입하기 때문에 대체로 심각한 대외수지 불균형 문제를 안고 있다. 셋째, 국제 교역에서 농산물 가격보다 공산품 가격이 더 급격히 오르기 때문에 주변부 국가들은 교역조건의 추세적 악화라고 하는 부담을 안고 가야 한다. 이어서 프레비쉬는 적절한 정부주도적 산업화정책만이 주변부 국가들을 이 역경으로부터 구해낼 것이라고 주장하였다. 이와 같은 프레비쉬의 견해를 '구조주의(structuralism)'라고 부른다.

구조주의의 주장은 결국 이 세 가지 문제 때문에 주변부 국가의 산업화를 시장에만 맡길 수 없다는 결론으로 귀결된다. 첫 번째 문제는 주변부가 산업화를 이루어내야 해결되는 문제다. 그리고 두 번째와 세 번째 문제는 중심부와 주변부 간의 구조적 관계가 공산품 가격을 농산품·광산품 가격보다 더 빨리 상승시킴으로써 국제 교역을 중심부에만 일방적으로 유리한 '부등가교환'으로 이끌고 있기 때문에 발생한다는 것이다. 잉여가 주변부 국가에 남아서 주변부의 산업화에 필요한 자본으로 되어야 하지만 교역가격구조가 잉여를 중심부로 빼돌리기 때문에 주변부의 자본축적은 아예 불가능하고, 따라서 이와 같은 상태가 지속되는 한 주변부의 산업화도 불가능하다. 부등가교환을 조성하는 것은 시장이기 때문에 결국 시장은 주변부 국가의 산업화 기회를 아예 불가능하도록 봉쇄하는 장애요인일 뿐이다. 국가주도적 산업보호만이 부등가교환을 막을 수 있고 주변부 국가들의 산업화를 가능하게 만든다는 것이다.

물론 중남미 국가들의 경제적 민족주의는 구조주의 이론이 발표되기 훨씬 전부터 형성되기 시작하였다. 그러나 중남미 국가들의 경제적 민족주의를 더욱 강화하고 이들이 국가주도적 산업보호정책을 반시장적 방향으로 이끌어 가는 데 구조주의 이론이 기여한 것은 분명하다.

4. 보호주의에 가세한 멕시코의 자유주의자들

멕시코가 국가주도적 산업보호주의 노선을 선택하였지만 내부적으로 경제적 자유주의에 대한 요구가 없었던 것은 아니다. 사실 브라질과 아르헨티나, 칠레에서는 경제적 자유주의가 만만치 않았고, 따라서 국가주도적 산업화에 대한 반대가 제법 거셌지만 정부가 국내의 반대를 억누르고 보호주의적 산업화를 강행하였다는 주장도 제기되고 있다.[1]

그러나 멕시코의 경우는 좀 특이하다. 20세기 중반 정부가 경제에 깊이 개입하여 관리한 것은 대공황의 여파로서 전 세계 모든 나라에 공통된 현상이었다. 중남미의 경우에는 경제관리뿐만 아니라 경제개발 문제에도 국가주도성을 필요로 하였는데 이 점에서는 멕시코도 예외가 아니었다. 다만 멕시코가 다른 나라와 비교하여 다른 점은 국가와 산업계가 국가주도적 산업화에 대해 서로 완전히 합의하고 있었다는 사실이다(Hansen, 1971).

19세기 후반과 20세기 초반의 자유주의적 경제정책 아래서 멕시코의 1인당 GDP는 연 2.5%의 비율로 성장했는데, 이 성장률은 최고 수

1. 예컨대 Leff(1968) 참조.

준이었다(Coatsworth, 2003). 이 기간 동안 기업활동도 활발하게 펼쳐졌다. 멕시코 산업가들은 많은 민간기업을 일으키고 디아스 정권에 협력하면서 자신들의 사업을 확장하였다. 멕시코 혁명이 디아스 정권을 축출하자 이들은 1929년 COPARMEX(Confederacion Patronal de la Republica Mexicana)라고 하는 보수적 기업가 단체를 결성하고 혁명 이후 새롭게 등장한 집권당의 세력 확장에 대비하고 있었다. COPARMEX는 경제적 자유주의를 옹호하였고, 특히 그 구성원 기업들이 주로 해외 시장과 물자에 크게 의존하였기 때문에 자유무역을 지지하였다.

이에 대하여 산업계 내부에서도 자유무역을 반대하는 세력이 점차 형성되기 시작하였다. 특히 도시 소비자용품 생산에 주로 종사하는 신흥 중소기업가들은 해외 경쟁상품의 수입을 제한하는 보호무역을 희망하였다. 이들은 1941년 CANACINTRA(Confederacion Nacional de la Industria de Transformacion)라는 단체를 결성했는데, 이 단체의 주요 활동은 국내 기업들의 상품생산을 수입상품과의 경쟁으로부터 보호하는 정부간섭적 경제정책을 지지하는 일이었다. 양대 기업가 단체의 지지노선은 자유주의와 보호주의로 서로 엇갈렸지만, 두 단체는 각기 자신들의 노선이야말로 멕시코의 주권과 경제를 미국의 영향으로부터 지켜낼 것이라고 주장하였다(Gauss, 2006). 선택한 노선은 달랐지만 멕시코를 미국으로부터 보호해야 한다는 목표에서는 한목소리였던 것이다.

CANACINTRA는 창설과 동시에 도시 소비자용품 생산업을 지원하는 산업정책의 대가로 집권당에 협력하고 정부의 경제간섭을 지지하고 나섰다. 이에 대하여 이들과 이해관계를 달리하는 COPARMEX 측의 대응은 경제적 자유주의에 대한 지지를 더욱 강화하는 것이었다. 정부의 간섭에 대한 COPARMEX의 도전은 현실적으로 집권당과 CANACINTRA의 밀착관계에 대한 도전이기도 했다. COPARMEX는 정부의 간섭으로부터 자신들의 이익을 보호하기 위해 출범했는데, 정부가 자신들과 이해관계를 달리하는 CANACINTRA와 밀착한다면 자신들의 위치는 더욱더 불리해질 것이었기 때문이다.

그러나 미국이 제2차 세계대전 이후 멕시코에게 자유무역을 일방적으로 강요하고 나서면서 사정이 달라졌다. 멕시코의 처지를 배려하지 않는 미국의 무리한 요구는 경제적 자유주의의 가치를 미국과 공유하는 COPARMEX의 주장까지도 무력화시키기에 충분하였다. 미국의 요구는 결국 멕시코가 더 많은 미국 상품을 구입할 수 있도록 체제를 개편하라는 것이었고 멕시코는 이것을 심각한 내정간섭으로 받아들였다. 심지어는 COPARMEX조차도 미국 기업들의 본심이 멕시코 국내 자신들의 시장을 크게 잠식하는 것뿐이라고 의심하기 시작하였다. 실제로 당시 멕시코의 무역수지 적자는 급증하고 있었기 때문에 이러한 상황전개는 자유주의를 옹호하는 COPARMEX의 입지를 위축시키기에 충분하였다. 결국 COPARMEX를 중심으로 한 멕시코의 자유경제주의자들조차도 시급한 무역수지 적자를 해소하기 위해서라도 제한적 한시적 보호주의가 필요하다고 수긍하기에 이름으로써 멕시코의 산업계는 정부의 산업보호정책 시행에 완전히 동의하게 된 것이다(Gauss, 2006).

5. 보호무역체제와 국가주도적 간섭주의의 확립

국내 업계의 정치적 지원을 받은 멕시코 정부는 미국의 개방요구를 '더 약탈적 모습으로 발전한 미제국주의'로 인식하고 이에 맞서 국내 산업을 보호하기 위한 정책을 펼치기 시작하였다. 그 첫 번째 조치는 1947년 국제 무역에 물량적 제한을 가하는 무역통제조치의 시행이었다. 정부는 민간부문의 수입활동에 대해 수입권(import licence)을 발급하고 수입물량을 제한하는 조치를 취하였다. 그때까지 무역통제정책은 세금과 관세율을 조정하는 수준에 그쳤지만 1947년의 조치는 이 수준을 크게 뛰어넘는 것이었다. 이 조치를 계기로 하여 멕시코의 경제적 민족주의는 보호무역주의라는 구체적 모습으로 실현된 것이다. 이후 멕시코는 국제 무역의 규모를 크게 줄이면서 수입대체형 산업화를 추진해왔다.[2]

멕시코 경제의 국가주도체제는 그동안 많은 학자들이 멕시코 혁명의 산물이라고 평가하였지만 사실은 독재자 디아스 시대부터 형성된 것이다. 디아스는 강력한 중앙통합적 국가를 구축하고 자유경제주의에 입각하여 산업활동을 장려하였는데, 그 결과 실현된 연 2.5%의 개인소득 성장률은 당시까지 멕시코 역사상 최고 수준의 성장률이었다. 다만 이 시대의 자유경제주의는 전통적 자유방임과는 다른 국가간섭적 법인자유주의(corporate liberalism) 형태의 자유경제주의로서 '개인 아닌 집단, 경쟁 아닌 조정'을 기본 가치로 표방하였다. 기업은 시장을 관리하고 정부는 기업을 규제한다는 구조적 틀 속에서 멕시코의 산업화를 추구하였던 것이다(Topik, 2004). 외형상 자유무역은 있었으나 기업이 시장질서에 따르는 방식이 아니라 시장을 관리하는 방식이었다. 그러므로 멕시코 경제의 국가간섭주의는 디아스 정부 시대에 이미 뿌리를 내렸다고 보는 것이 옳다.

그러나 디아스 정부의 정책노선은 외자를 유치하고 자유무역을 허용하는 국가간섭주의였는 데 비하여 제도혁명당(PRI) 정부의 국가간섭주의는 국제 무역을 통제하는 방향으로 전개된 점이 크게 다르다. 즉 제도혁명당(PRI) 정부는 시장 관리를 기업들에게 맡긴 것이 아니라 직접 통제하고 나선 것이다. 정부주도적 국가간섭주의는 멕시코 혁명 이후에도 그대로 승계되었지만 간섭 방향이 달랐던 것이다. 그리고 과거에도 간섭적 정부는 수시로 무역을 통제했지만 1947년의

2. 멕시코가 GATT에 가입한 것은 1986년의 일이다.

무역통제정책은 수입대체형 산업화를 겨냥한 산업보호정책을 확정한 토대 위에서 정치·경제 부문에 대한 포괄적 기획의 시작이라는 의미를 지닌다. 또 소득분배 문제는 외면하고 산업화에만 노력한 디아스 정부와는 달리 제도혁명당(PRI) 정부는 소득분배 개선과 산업화를 동시에 추구하였다.

6. 멕시코 경제의 성과와 파국

멕시코가 수입대체형 산업화로 방향을 잡은 1940년대 이후의 경제성장 동향을 개관하면 다음과 같다.[3] 비농업부문은 1940~1965년 기간 중 성장률이 6%에서 9%로 빠르게 증가하였고 그 이후에는 잠깐 최고 9%까지 이른 1979~1980년을 제외하고는 급격히 하락하는 추세를 보이고 있다. 농업부문의 성장률은 1940~1970년 기간 중 4%를 중심으로 오르락내리락하였지만 그 이후에는 역시 지속적인 하락 추세를 면치 못하고 있다. 1955년 이후 1980년대까지 비농업부문과 농업부문 간의 성장률 격차는 뚜렷하게 지속되어왔다. 그리고 1990년대에 들어서서는 양 부문의 성장률은 모두 낮고 불안한 상태다. 전반적으로 1970년까지는 견실한 성장기조를 유지하였으나 그 이후부터는 고전을 면치 못하는 모습이다.

농업부문과 비농업부문이 모두 활발하게 성장한 1940~1970년 기간의 멕시코 경제의 성취를 사람들은 '멕시코의 기적'이라고 불렀다. 그러나 1970년대 중반부터 거듭 발생한 경제위기는 기적을 이룩한 멕시코 경제를 심각하게 피폐화시켰다. 1992년 현재 전체 인구의 44.1%가 빈곤층이고 16.1%는 최빈곤층으로 분류되고 있다. 최빈곤층의 64%는 농촌에 거주하는데 그 규모는 농촌인구의 25.6%에 이른다.

---

3. Banco de Mexico의 *Indicadores Economicos*(각 연도)를 참조할 것.

멕시코가 수입대체형 산업화를 추구한 이래 1970년까지는 안정된 높은 성장률과 낮은 물가상승률을 시현하였고 페소화 가치도 안정적이었다. 따라서 이 시기를 '안정화발전(stabilizing development, desarrollo estabilizador)' 기간이라고 부른다. 1970년 센서스 자료에 따르면 멕시코의 제조업부문은 노동력의 17%를 고용하여 GDP의 23%를 생산한 것으로 되어 있다. 그리고 제조업부문의 성장률은 1960년대 전 기간 동안 연평균 9%로서 GDP의 연평균 성장률 7%를 웃돌았다(The World Bank, 1979). 산업화가 성숙단계에 이르지는 못했지만 멕시코 경제의 성장을 착실하게 이끌어가던 기간이었다.

그러나 경제발전의 성과가 국가 전체적으로 만연한 빈곤 문제를 만족하게 해결할 수준에는 아직 이르지 못했기 때문에 불만 집단들의 시위가 잦았고 1968년에는 급기야 정부가 발포까지 하며 학생시위를 폭압적으로 진압한 사태가 일어났다. 그 여파가 무장 게릴라 반란으로까지 이어지는 등 사태가 심각하게 전개되었기 때문에 멕시코 정부로서는 경제발전에서 사회발전 문제로 관심을 이동시킬 수밖에 없었다. 마침 제1차 석유파동으로 국제 유가가 급등하자 멕시코 정부는 석유수출대금과 외채도입으로 재원을 마련하여 인기 영합적 재정지출을 크게 확대하였는데 그 결과는 물가폭등이었다. 물가폭등은 수출부진과 환율불안을 불러왔고 환율불안은 외자이탈로 이어졌다. 수출부진과 외자이탈은 멕시코의 외채상환과 대외지불을 불가능하게 만들었고 결국 1970년대 중반과 1980년대 초반 두 차례에 걸친 환란(換亂)을 초래하였다.

사회발전정책을 강화한 1970년대를 '동반발전(shared development, desarrollo compartido)'의 시대라고 부른다. 동반발전의 시대 전반부(1970~1975)는 멕시코가 아직 환란을 겪기 전인데 이 기간 동안에도 제조업부문과 GDP의 성장률은 각각 6.2%와 5.7%로 낮아졌다. 동반발전의 시대는 두 번의 환란을 거치는 경제침체 속에서 1980년대 초에 결국 그 막을 내렸다. '안정화발전' 기간 중 누적된 구조적 모순이 유발한 사회불안은 멕시코 정부로 하여금 동반발전을 도모하도록 몰아갔지만 당시 멕시코의 사회·경제적 수준이나 정부정책은 경제발전과 사회발전을 함께 추구하는 동반발전이라는 목표를 달성하기에 여러모로 역부족이었던 것이다. 1980년대 이후는 무리한 '동반발전'의 과정에서 불거진 각종 병폐를 치유하려는 과정이었다. 우선 거시경제적 안정을 회복하고 국가경제의 발목을 잡는 각종 제도를 정비하는 일이 최우선 과제였다. 구조조정의 내용은 기본적으로 오랫동안 유지해온 수입대체형 산업화 체제를 혁파하고 개방과 자유화를 기축으로 하는 친시장적 체제를 구축하는 것이었다.

7. 경제개발정책의 특징

1) 시대별 특징

멕시코 정부가 시행한 경제개발정책을 시대별로 개관하면 다음과 같다. '안정화발전'의 시대에는 제조업과 상업적 농업에 대한 투자가 활발하게 일어났다. 재정운용은 견실한 수준을 유지하였고 물가 등 거시경제적 지표들도 안정세를 유지하였다. 국내 소비재 수요와 수입대체 대상으로 책정된 중간재에 대한 수요가 증가함으로써 활발한 산업활동을 촉발하고 순조로운 경제성장을 이끌었다. 다만 농업부문에서 대자본이 운영하는 상업농부문은 성장하였으나 영세농들의 생존형 농업부문은 침체상태를 벗어나지 못하였다. 이러한 구조적 모순이 누적되어 증폭되면서 극심한 사회불안을 초래하였던 것이다.

'동반발전'의 시대에 들어서서 정부는 후방연관을 강화하는 방향으로 산업구조를 심화하기 위해 수입대체화를 강화하였다. 특히 자본재 국내조달을 위한 공공투자를 의도적으로 확대하였다. 산업보호를 통한 수입대체화정책은 멕시코 공산품의 가격을 해당 공산품의 국제 가격보다 줄곧 높게 유지하였다. 명목보호지수(nominal protection index)는 국제 가격을 100으로 두고 비교 환산한 멕시코 국내 가격인데 공정환율에 의해 평가한 수치는 각각 125(1960), 118.8(1970), 그리고 140.9(1975)로 나타났다(The World Bank, 1979). 이 수치의 시계열 동향은 '동반발전'의 시대에 산업보호가 더욱 강화되었음을 보여준다. 수출은 1970년 이후 매우 빠른 속도로 증가하였지만 총액 규모는 미미한 수준이었다. 정부가 허가한 지역에 외국(주로 미국) 사업자가 공장을 짓고 원자재를 수입하여 가공한 다음 그 생산물을 전량 반출하는 소위 '수출자유지역(maquiladoras)'을 통한 수출이 전체 수출의 절반을 차지하였는데 1975년에는 그 규모가 전체 GDP의 2.6% 수준에 그쳤다.

멕시코 산업정책의 기조는 수입대체화였지만 물론 수출을 장려하는 정책도 펼쳤다. 특정 수출품에 대한 판매세 환급, 저금리의 수출금융, 수출용 원자재 수입 허용 등은 대표적인 수출장려정책이었다. 다각적인 수출장려정책은 1975년의 경우 수출 총액의 16%에 해당하는 지원효과를 낳았다. 그러나 페소화를 고평가하는 환율정책과 일반 수출상품에 대하여 판매세를 부과하는 조세정책 등 수출진흥에 역행하는 각종 조치는 수출 총액의 26%에 달하는 부담으로 나타났다. 서로 모순된 정책목표를 추구하는 정부 정책의 난맥 때문에 개별 정책들이 그 효과를 서로 잠식해버리는 폐단이 속출하였다. 결과적으로 멕시코의 공산품 수출에는 총액의 10%에 달하는 '수출세'가 부과된 셈이라고 할 수 있다.

농업 분야에서 자본주의적 상업농과 영세농민들의 생존형 농업 간의 격차는 '동반발전'의 시대에도 오히려 지속적으로 확대되었다. 농업지원을 겨냥한 정부의 주요 정책이 결과적으로 생존형 농업을 충분히 지원해주지 못했기 때문이다. 이를테면 농업용수 접근이 용이

한 지역부터 관개시설을 건설하였는데, 그런 지역의 농업은 대체로 대형 상업농이었고 대부분의 영세농민들이 경작하는 농지는 천수농지(天水農地)로서 지원에서 소외되기 일쑤였다. 급기야 옥수수와 밀 등 기본 곡물의 생산이 부진하여 식량부족 사태가 심각해지자 멕시코 정부는 악화 일변도의 농촌빈곤 문제와 식량부족 문제에 대한 비상대책을 시급히 마련해야 하는 궁지에 내몰렸던 것이다.

멕시코 정부의 경제개발정책은 한편으로는 산업발전을 겨냥하면서 다른 한편으로는 사회적 보조라는 목표까지 동시에 추구하였다. 특히 '동반발전' 시대에는 산업발전의 목표가 사회적 목표와 서로 충돌하면서 정책성과를 서로 잠식하는 일이 다반사였다. 1960년대 말부터 사회불안사태가 표면화하면서 멕시코 정부로서도 정치·사회적 안정화를 겨냥한 각종 비상대책사업을 펼치지 않을 수 없었기 때문에 서로 모순된 정책을 남발하였던 것이다. 그 결과 산업발전도 부진하고 사회적 보조도 성과를 거두지 못하는 총체적 난맥에 빠져든 것이다.

뿐만 아니라 멕시코 정부가 시행한 비상대책사업이 문제는 해결하지 못하면서 도리어 거시경제적 균형을 파괴하는 결과만 불러옴으로써 국가경제를 거듭된 위기로 내몰았다. 결국 1980년대에 들어서서는 국가경제의 성장이 멈출 정도의 경제위기를 당하여 국가주도적 수입대체형 산업화정책을 전면적으로 폐기하는 강도 높은 구조조정을 추진하게 되었다. 거시경제적 안정을 위해 지속적으로 노력함과 더불어, 시장중개적 자원배분에 기초한 신개발모형을 채택하여 개방과 자유화를 단행하는 대전환을 시작하였다. WTO에 가입하고 NAFTA를 체결하는 등 산업보호·수입대체로부터 무역자유화·수출진흥으로 모든 정책이 급격히 바뀌었다. 농업정책도 1980년대 국가경제의 전반적인 침체 속에서 결국 시장중심형 농업으로 전환하는 '농업개혁의 개혁(reform of the agrarian reform)' 쪽으로 가닥을 잡았다.

2) 정부주도적 수입대체형 산업화정책

정부주도적 수입대체형 산업화의 시대에 펼쳐진 멕시코의 경제개발 정책을 좀 더 세부적으로 살펴보면 다음과 같다. 경제개발정책의 일반적 특징은 정부가 육성하기로 결정한 부문에 자금 등 개발자원을 집중적으로 제공하는 것이다. 멕시코의 경우도 이 점에서는 다르지 않았다. 보호무역을 통한 산업보호정책은 해당 제품의 가격을 국제 가격보다 더 높게 유지시켰고, 각종 보조는 기업의 생산비 부담을 시장이 결정하는 수준보다 더 낮게 경감시켰다. 정부는 ① 산업부문에 금융·기술 지원 서비스를 제공하고, ② 고율의 관세를 부과하는 등 각종 수입제한 조치로 국내 산업을 보호하며, ③ 각종 조세감면을 통하여 기업의 비용부담을 경감시키고, ④ 필요한 외자사업을 선정하고 그 유치를 알선하는 업무를 담당하였다.

(1) 관치금융

대체로 금융은 정부가 지원하기로 한 사업에 특혜적 금리로 제공되었다. 그런데 정부가 금융산업을 직·간접적으로 장악하는 관치금융 체제가 아닐 경우 금융을 이와 같은 방식으로 운용할 수 없다. 멕시코의 관치금융은 정부가 중앙은행을 통제하고 중앙은행이 시중은행의 여신을 관리하는 방식으로 펼쳐졌다. 중앙은행인 '멕시코은행(Banco de Mexico)'은 통화공급 등 일반중앙은행 기능을 수행하면서 외환시장 규제를 책임지고 정부의 개발계획 사업에 소요되는 자금을 제공한다. '멕시코은행'은 정부의 재정지출에 필요한 자금을 직접 지원하고 민간은행의 여신을 관리하는 권한까지 보유하였다. 멕시코 정부의 과도한 재정지출은 '멕시코은행'의 무제한적 정부대출이 있었기에 가능하였던 것이다. 결국 1984년에 멕시코는 '멕시코은행'이 정부에 대출하는 자금의 상한선을 매년 초에 정하고 이 범위 내에서만 자금을 제공하도록 하는 법을 제정하여 이 맹점을 보완하였다.

멕시코의 민간은행부문은 200여 개의 군소 은행으로 이루어져 있다. 개별 은행이 종사할 수 있는 업무를 두 가지 이내로 제한한 멕시코의 금융규제 때문이다. 이들 상업은행들은 주요 산업체와 연대하여 '금융단(financiera)'을 결성하고 민간부문 개발투자에 필요한 자금을 지원한다.[4] 민간은행의 여신도 멕시코은행의 여신관리를 받도록 되어 있기 때문에 자금의 흐름을 배정하는 최종적 권한은 결국 정부에 귀속되었다.

1934년에 설립된 '국가금융청(Nacional Financiera, Nafinsa)'은 산업부문의 시설투자를 담당한 핵심적인 국영개발기관이다. 제2차 세계대전이 끝난 뒤 전체 산업투자에서 국가금융청(Nafinsa) 투자가 점유한 비율은 1946~1950년 동안 평균 6.9%를 기록하였다. 총액규모로는 크다고 할 수 없지만, 국가경제적으로는 필요하지만 민간기업들이 투자를 감당하지 못하는 부문에 집중적으로 투자되었기 때문에 전체 산업발전의 애로를 타개하는 데에는 큰 역할을 수행한 것으로 평가된다. 특히 산업활동의 기본 소재인 철강과 시멘트의 부족을 해소하는 투자에 국가금융청(Nafinsa)은 결정적으로 기여하였다. 전후 산업활동이 활발해지면서 소득이 증가하고 저축도 늘어났으며, 국가금융청(Nafinsa)의 장기채권은 유망한 투자자산으로 평가받아 널리 판매되었다(Combined Mexican Working Party, 1953).

(2) 공기업의 산업활동

멕시코 정부는 금융뿐만 아니라 산업활동에도 직접 개입하였다. 특히 1970년대에 들어서면서 공기업의 투자는 대단히 활발하게 이루어

4. Mexico Banking System, Sources : The Library of Congress Country Studies, *CIA World Factbook* (http://www.photius.com/countries/mexico/economy/mexico_economy_banking_system.html).

져 1971~1975년의 기간에는 총투자의 57%를 기록하였다. 멕시코 정부는 몇몇 주요 부문을 선정하여 그 산업을 일으키고 제품가격을 안정시킬 목적으로 공기업을 설립하고 집중적으로 투자하였는데, 대표적인 예가 철강산업과 석유화학산업이었다.

공기업은 자동차산업과 설탕정제사업, 그리고 비료산업에도 뛰어들었다. 자동차산업은 외국 합작선과의 협력이 불가피한데 공기업이 멕시코 측의 교섭력을 강화할 수 있다고 믿었다고 한다. 사탕수수 재배업자들과 설탕정제업자들 사이의 분쟁은 해묵은 사회문제였기 때문에 정부는 사탕수수 수매가격을 높게 책정하는 정제업자가 되기 위하여 공기업을 설립하였다. 산업발전을 위한 개발정책이라기보다는 소득분배의 개선을 겨냥한 사회복지정책이라고 하겠다. 비료를 생산하는 공기업의 목적은 농민들에게 비료를 낮은 가격에 공급하는 것이었다(The World Bank, 1979). 이처럼 멕시코 정부는 기간산업부문의 공공투자를 통하여 산업발전의 목표와 사회적 목표를 동시에 추구하였다.

관세율을 높이고 수입을 통제하면 제품의 국내 가격은 국제 시장 가격보다 더 높게 유지된다. 그리고 각종 조세를 감면하면 기업의 비용을 더 낮출 수 있다. 이러한 정책은 기업의 수익성을 높여줌으로써 그 활동을 장려하는 지원정책으로서 한국을 비롯한 다른 개도국들의 경우에서도 볼 수 있는 보편적인 산업개발정책이다. 다만 일반 개도국은 수출산업 육성을 주요 정책목표로 삼은 데 비하여 멕시코의 경우는 특별히 수출산업의 육성을 겨냥하지 않았다는 점이 특징이다.

멕시코의 공기업은 해당 산업의 육성과 함께 가격안정을 목표로 삼았다. 설탕처럼 원자재 가격을 높게 책정하고 비료처럼 제품 가격을 낮게 책정하면 해당 기업의 수익성은 당연히 악화된다. 설탕과 비료를 생산하는 데 민간기업이 투자할 리 없으므로 공기업을 투입하였다. 그러나 이처럼 수익성을 높여주는 지원정책과 반대로 수익성을 악화시키는 사회정책이 같이 시행되면 산업개발정책으로서의 효능은 크게 떨어질 수밖에 없다.

또 공기업이라도 지속적으로 손실을 입으면 존속하기 어렵다. 공기업이 파산하면 사회적 목표를 수행하는 것 자체가 불가능해지기 때문에 어떠한 방식으로든 공기업도 채산은 맞추어야 한다. 멕시코 정부는 공기업의 자본재 수입에 대해서는 무관세 수입을 허용함으로써 그 적자를 경감시키려 하였는데, 이 정책은 해당 자본재의 수입대체화를 불가능하게 만드는 역기능을 유발하였다. 정부의 강력한 경제개입은 시장기능을 왜곡하고, 그 결과로 나타나는 부작용을 해소하려는 또 다른 정부개입은 또 다른 부작용을 낳는 악순환의 전형적인 사례라고 할 수 있다.

한편 멕시코는 국내 산업을 보호하기 위하여 대외개방에 두드러지게 소극적이었기 때문에 외자도입 실적이 매우 저조하였다. 외국인투자의 실적을 보면 제2차 세계대전 중(1941~1945)에는 총산업투자의 10%를 기록하였지만 전후 1946년부터 1949년까지는 이 비율이 7%로 낮아졌다.

3) 산업개발 목표와 사회적 목표 간의 모순

멕시코의 보호적 개발정책은 생산활동의 육성만을 대상으로 한 것이 아니라, 경제발전과 사회발전을 동시에 추구하면서 기업육성정책에 더하여 소득재분배적 가격정책까지 함께 시행하였다. 이미 지적한 대로 소득분배를 개선하기 위한 가격정책은 생산활동을 위축시키는 역효과를 낳는다. 사회발전정책은 경제발전정책과 도처에서 충돌하였지만 멕시코 정부는 국민들의 생활수준을 유지할 목적으로 각종 사회정책을 함께 펼쳤다. 노동자들의 고용과 임금수준은 정책적 보호대상이었고,[5] 주요 생활필수품의 소비에 대해서는 정부가 보조금을 지급하였다. 시장가격은 도처에서 왜곡되고 있었다. 사회간접자본의 건설은 산업과 국토 발전을 위한 종합계획보다는 그때그때 특정 지역주민들이 요구하고 그 요구를 통제하기 어려운 상황이 되면 이에 따라 사업을 수행하는 방식으로 전개되었다.

그러나 '안정화발전'의 기간 중에는 멕시코의 국가경제개발정책도 기본적으로 소득분배의 개선보다는 생산활동의 육성에 역점을 두었다. 민간기업들에 대하여 보호정책을 펼치고, 각종 국가보조를 제공하였으며, 공기업과 같은 반관기관을 설치하여 국가가 직접 생산활동에 참여하는 폭을 확대하였다. 멕시코혁명이 내세웠던 사회적 배려의 정책은 주로 농지 재분배를 강화하는 조치에서만 두드러졌을 뿐이었다.

1968년 가을 소요사태 이후 심각한 수준으로 악화된 사회적 불안이 드디어 게릴라 반란으로까지 확산되자 1970년에 집권한 에체베리아(Luis Echeverria) 대통령은 '경제적 목표와 사회적 목표를 동시에 추구(simultaneous pursuit of economic and social goals)'한다는 혁명 슬로건을 확대·강화하기로 결정하였다. 경제활동에 대한 지원과 더불어 소득분배를 개선하고 젊은 비판세력을 공공부문에 대폭 임용하는 정책을 펼치기 시작하였다. 경제성장은 계속 추구하되 사회통합부문에 상당한 개발자원을 전용하기로 한 것이다. 문제는 앞 절에서 잠깐 지적한 바와 같이 사회적 목표를 추구한 정책이 그 목표를 제대로 달성하지도 못한 채 경제적 성장의 동력을 훼손하기 일쑤였기 때문에 그 어느 정책목표도 제대로 달성하지 못하고 국가경제만 파탄으로 몰아갔던 것이다.

---

5. 멕시코는 1930년대부터 노동자를 후견하는 노동법을 제정하여 단체협상으로 클로즈드 숍(closed shop) 도입을 허용하고, 노조 가입을 강제하며 노조가 직업소개소를 운영하도록 하였고 1970년대에 고용보호를 규정하였다. Salas(2004) 참조.

1970년 이후 멕시코의 정책은 보수적 '안정화발전'의 노선을 이탈하여 확장적 재정금융정책을 기축으로 하는 '동반발전'의 기조로 전환하였다. 그러나 국가경제의 생산능력이 뒷받침되지 못한 확장적 재정금융정책은 어김없이 멕시코 경제의 거시경제적 안정을 깨뜨렸다. 치솟는 물가와 더불어 끝없이 추락하는 페소화 가치는 결국 걷잡을 수 없는 환란으로 이어졌고, 그 결과 멕시코는 그동안 지켜오던 국가주도적 수입대체형 산업화를 포기하고 개방과 자유화를 겨냥한 강도 높은 구조조정에 돌입하게 된 것이다.

8. 지속 불가능한 경제·사회적 지원과 재정악화

요약하면 1960년대 말까지는 재정금융자원이 민간기업부문에 집중적으로 제공되었으나, 1970년대에 소득분배 개선과 빈곤퇴치라고 하는 사회적 목표가 주요 정책목표로 부각되면서 재정자금과 금융자금의 흐름이 농촌 빈곤층을 지원하는 방향으로 선회하였다(Yanagihara and Hisamatsu, 1998). 소득분배를 개선하기 위해 시행된 가격통제를 통한 지원까지 고려하면 시장신호를 거스른 소득흐름의 크기는 훨씬 더 클 것으로 짐작된다.

특히 빈곤인구의 대다수가 거주하는 농촌과 농업부문에 대한 정책은 수시로 산업발전보다 농가소득 유지를 더 중요한 정책목표로 삼았다. 농업 및 농촌 개발전략의 핵심변수는 옥수수 등 기본식량의 소비자가격과 생산자가격이었다. 멕시코 정부는 1961년부터 '낮은 소비자가격과 높은 생산자가격(keep the consumer prices low and the producer prices high)'이라는 구호를 내걸고 이중곡가제를 시행하여 농민보조와 소비자보조를 동시에 추구하였다. 여기서 당연히 발생하게 되는 그 차액은 정부재정이 부담했는데, 이로 인한 적자는 1983년에 GDP의 1%에 이르는 규모로 확대되었다. 경제가 국가적 위기에 봉착하면서 긴축적 재정운용이 불가피해지자 결국 이중곡가제는 점차 폐지되기에 이르렀다.

또 다른 농업보조는 비료, 연료, 물, 대출, 작물 보험 등에 대한 원가보조의 형태로 시행되었다. 멕시코 정부는 1960년대에 농촌 비료 공급을 전담하는 공기업 FERTIMEX와 종자공급을 전담하는 공기업 PRONASE를 설립하여 비료와 종자를 낮은 가격으로 공급해왔다. 그 결과 1958~1972년의 기간 중 농산물가격이 전체 물가 추세에 따라 하락하였음에도 불구하고 농산물의 산출가격을 투입가격으로 나눈 비율은 상승하였다. 농업부문의 투입가격에 대한 정부보조는 실효 투입가격을 산출가격보다 더 큰 폭으로 하락시켰던 것이다. 이 보조 정책 역시 재정적자를 심화시킨 요인이 되었고 결국 1980년대 이후 점진적으로 폐지되었다.

농업부문에 대한 보조 규모를 수치로 환산한 결과는 다음과 같다 (Yanagihara and Hisamatsu, 1998). 전체 공공지출에서 농업부문 지출이 점유한 비중은 1970~1971년에 7%이던 것이 1974~1975년에는 15%로 증가하였다. 농촌 대출에 대한 공식적인 보조는 부채금액의 40~60%이며, 농촌부문 GDP의 9%에 이른다. 관개·수리 시설의 유지·관리를 위한 공공지출은 농업생산액의 6%에 달하고, 투입에 대한 보조는 5%에 이른다. 모든 보조를 다 합치면 그 규모는 1981~1982년의 경우 농업부문 GDP의 30%에 달한다. 한정된 자원을 산업화에 집중하는 정부지원은 보통 농업부문을 홀대하는 결과로 나타날 수밖에 없다. 이러한 반농업적 편향을 시정하려는 멕시코 정부의 노력이 농업부문에 대한 대대적 지원으로 나타났던 것이다. 그러나 농업부문에 대한 지원확대는 다른 부문에 대한 지원을 그만큼 줄여야 가능하다.

더욱이 방대한 규모의 농업지원에도 불구하고 농촌빈곤 문제는 거의 개선되지 않았는데 그 까닭은 농촌부문 구성분자들의 이질성 때문이다. 1950년에 농업생산단위의 하위 50%는 총농업생산의 6%를 생산했는데, 1960년에는 4%, 그리고 1970년에는 2%를 생산하는 등 그 지위는 더욱더 열악해졌다. 이러한 구조 때문에 1970년대 들어서 본격화하기 시작한 정부의 농업지원은 상위 50%에게 더 많은 혜택을 제공했던 것이다. 1970년대에 이를 때까지 전체 경작지의 3분의 2에 해당하는 천수농업이 받은 혜택은 농업부문 공공지출의 10%에 불과했는데 이들 하위 50%의 농지는 대부분 천수농지였다. 1971~1981년의 기간 중 동반발전을 내세운 멕시코 정부는 농업부문에 대한 정부의 역할을 확대하고 하층 생산자 지원 대책을 강화했지만 그 혜택은 주로 농촌부문 상위 50%에게 돌아갔던 것이다. 1981~1982년에는 식량자급을 농업정책의 목표로 삼고 지원을 강화하였다.

정부의 각종 지원에도 불구하고 경제 전반이 위기에 처하면서 농업도 침체를 면치 못하였다. 1990년대 살리나스(Carlos Salinas) 정부는 '농촌현대화국가계획(PMNC)'을 수립하고 각종 지원을 대폭 정리하고 시장기반 농업경제체제로 방향을 전환하였다. 그러나 자금대출에서는 농업부문 구성의 이질성을 배려하여 생존형 농업 종사자에게 혜택을 주는 정책을 유지하고 있다.

멕시코 정부가 산업개발 과정에서 사회적 목표를 함께 추구했던 만큼 정부개입은 항구적인 것으로 고착되었다. 예컨대 사탕수수 값을 높게 책정하고 비료 값을 낮게 책정하는 경제운용방식은 항구적 정부개입 없이는 유지할 수 없었다. 멕시코의 설탕산업과 비료산업이 비록 선진국 수준으로 발달한다 하더라도 시장만으로는 이와 같은 가격정책을 결코 실현시킬 수 없기 때문이다. 정부개입이 영구화하려면 그에 따른 정부지원도 영구화해야 한다. 만약 경제가 크게 성장한다면 조세수입도 함께 늘어나 정부지원을 뒷받침할 수 있을 것이다.

그러나 불행히도 멕시코 정부의 산업개발정책은 사회적 목표를 추구하는 정책에 발목을 잡혀 고도성장을 일구어내는 데 실패하였다. 결국 해외차입을 확대하여 정부지원을 뒷받침해야 멕시코 경제는 돌아갈 수 있었다. 필요한 항구적 정부개입에 소요되는 막대한 비용을 자력으로 해결하지 못하는 구조의 덫에 빠진 것이다.

9. 환란 이후의 멕시코 경제

'동반발전' 시대의 확장정책은 거시경제적 균형을 더 이상 유지하지 못하는 상태로 몰아갔고 1976년 대규모의 외화이탈은 첫 번째 환란을 야기하면서 페소화 가치를 급락시켰다. 궁지에 몰린 포르티요(Lopez Portillo) 대통령(1976~1982)은 거시경제 균형회복을 위한 안정화 프로그램을 시작한다는 조건(Extended Fund Facility Accord)으로 IMF의 구제금융을 수용할 수밖에 없었다. 그러나 국제 유가가 오르고 멕시코가 주요 석유수출국으로 부상하면서 국제 신용을 회복하자 멕시코 정부는 안정화 프로그램을 취소하고 국가주도적 산업발전과 식량자족 프로그램을 시작함으로써 '동반발전' 시대의 정책기조로 회귀하였다.

1980년 4월에 공포한 '국가발전계획 1980~82(National Development Plan for 1980~82)'는 ① 고도성장 유지, ② 고용확대, ③ 국민 기초수요 충족, ④ 지역별/가구별 소득분배 개선 등의 목표를 내걸었다. 멕시코 정부는 다시 산업발전의 목표와 사회적 목표를 동시에 추구하기 시작한 것이다. 공공투자는 사회 · 농업 · 기본운송 부문에 치중하였고 1982년 현재 국유기업은 GNP의 14%에 해당하는 부가가치를 생산하면서 12.7%를 순이전 및 보조로 수취하였다(Vargas-Hernandy, 2003). 그리고 1982년에 국제 유가가 급락하여 경제가 다시 위기 국면에 돌입하자 멕시코 정부는 은행을 국유화하고 페소화의 평가절하, 이자율 인상 등의 조치를 취하였다. 이 조치는 단기적 고도성장을 가져왔지만 확장정책이 공공부문의 적자를 급속히 확대시키면서 국가경제가 다시 파산하는 또 다른 환란으로 이어졌다.

두 차례의 환란을 겪자 멕시코 정부도 '동반발전' 시대의 정책기조를 포기할 수밖에 없었다. 경제·사회 개발의 문제는 부차적인 것으로 밀려나고 거시경제적 안정화와 구조조정이 주요 문제로 부각되었다. 멕시코 정부의 정책기조가 근본적으로 바뀌기 시작한 것이다. 물론 외채위기를 당한 나라들에 대한 경제안정과 구조조정이라고 하는 '신자유주의적 과제(neoclassical agenda)'는 소위 '워싱턴 콘센서스(Washington Consensus)'가 요구하는 구제금융의 선결조건이었다. 그러므로 정책기조의 전환은 자발적인 선택이 아니라 강요된 것이라고 볼 수 있다.

그러나 신자유주의적 과제를 추진하는 과정에서 거시경제의 안정화와 미시경제의 구조조정이 성공해야 경제·사회 개발도 가능하다는 생각이 멕시코 사회에 널리 팽배하기 시작한 것도 사실이다. 거시경제적 안정은 사적 투자자들의 주요 불확실성을 제거하고 미시경제적 구조조정은 유인체계의 왜곡을 제거하여 국가경제의 비교우위에 입각한 새로운 투자기회를 창출할 것으로 기대되었다. 그리고 생산요소도 시장이 결정한 수익률에 따라서 배분되어야 한다는 생각도 확산되었다. 동시에 빈곤 경감과 같은 사회적 목표를 위한 재정금융 자원의 배정방식도 유효성 중심(more effective targeting) 체제로 전환하였다.

이에 따라서 외채를 효율적으로 관리함으로써 대외수지를 개선하고 공공부문을 축소하여 재정수지를 개선하는 단기적 과제가 마드리드(Miguel de la Madrid) 정부(1982~1988)의 주요 과제였다. 불안한 외채상황과 걷잡을 수 없는 국내의 스태그플레이션을 통제하려면 시시각각 변하는 사회·정치적 조건에 적절히 대응하면서 전체 경제관리 시스템을 합리적으로 재구성할 필요가 절실하였다. 이 과업은 결코 쉬운 것이 아니었고 경제발전이라고 하는 장기과제와도 연관된 것이었다.

이 연관성을 인지한 멕시코 정부는 거시경제의 안정화라는 단기과제와 병행하여 무역자유화와 규제철폐라고 하는 구조조정의 장기과제도 함께 추진하였다. 1985년 7월 수입자유화 조치는 수입대체에서 수출진흥으로 정책기조를 전면 수정하는 대전환점이었다. 1986년에는 GATT에도 가입하였다. 그러나 수출제조업이 아직 부진한 상태에서 석유수출자금에 크게 의존하던 멕시코의 국제수지가 1986년 국제유가가 급락하자 적자로 돌아섰고, 멕시코 경제는 다시 위기를 맞게 되었다. 과거라면 국제수지 방어를 위한 수입제한적 정책을 시도했겠지만 이미 GATT 회원국이 된 상태였기 때문에 멕시코 정부는 국제수지 위기에도 불구하고 수입자유화 조치를 취하는 속도를 늦추지 않았다.

이후 등장한 살리나스(Carlos Salinas) 정부(1988~1994)도 거시경제 안정화와 구조조정사업을 결연한 자세로 체계적으로 추진해나갔다. 거시경제 관리는 물가안정과 공공부문 적자 해결에 목표를 두었고, IMF 구제금융의 부대조건을 성공적으로 활용하여 부채상환 부담을 줄이자 외자도입도 점차 회복되었다. 1987~1988년 동안 세 자릿수였던 물가상승률은 1989년에 급감하였고 1993~1994년에는 한 자리 수치로 안정되었다. 1991년에는 공공부문도 흑자로 전환하였다. 대외무역은 GATT/NAFTA 체제로 그 구조를 전환하였고, 금융·농업·사회 부문과 노동시장을 포함한 광범위한 영역에서 규제철폐와 민영화가 이루어졌다. 심지어 1992년에는 불과 10년 전에 국유화한 은행까지도 다시 민영화하였다.

그러나 10여 년에 걸친 구조조정과 안정화 노력에도 불구하고 멕시코 경제는 1994년에 다시 한 번 호된 환란을 경험하게 된다. '테킬라 위기(tequila crisis)'로 알려진 이 환란은 1994년 12월 15%의 환율

인상 조치로 시작된 페소화 폭락이 1995년 3월 43%의 환율 상승에 이를 때까지 계속되었다(Lederman, Menendez, Perry and Stiglitz, 2000). 멕시코 경제의 체질이 눈에 띄게 개선되었다고 평가받는 가운데 벌어진 돌발 사태였기 때문에 그 원인에 대하여 다각적인 분석이 이루어졌다.

1993년 NAFTA 체결은 반세기 동안 멕시코 경제를 보호해오던 장벽을 허물었는데, 이렇다 할 수출경쟁력을 갖추지 못한 채 맞이한 개방은 멕시코 GDP의 8%에 이르는 경상수지 적자를 불러왔다. 그러나 퇴임하는 살리나스 대통령은 급증한 무역수지 적자가 요구하는 페소화 평가절하를 유보하여 경상수지 적자와 페소화 과대평가는 그대로 지속되었다. 한편 여당인 제도혁명당(PRI)의 대통령 후보 콜로시오(Luis Colosio)가 암살당하는 등 정정불안이 고조되어 외국인 투자가 감소하고 이자율이 오르자 멕시코 중앙은행은 팽창적 통화정책을 펼쳤는데 이것이 화근이었다(Sachs, Tornell and Velasco, 1995). 페소화의 가치가 하락할 것이 분명한 가운데 팽창정책은 물가상승을 유발하여 페소화 하락 압력을 더욱 강화하였지만, 멕시코 정부의 환율정책은 고평가된 페소화 가치를 유지하는 것이었다. 외국인들은 물론 멕시코 인들까지 페소화를 기피하고 달러화를 소유하려고 하면서 멕시코의 외화보유고는 바닥을 치기에 이르렀다. 결국 멕시코 정부는 15%에 이르는 페소화 평가절하를 선언하였고 추가 절하를 예상한 외자 탈출이 줄을 잇게 되었던 것이다.

미국과 IMF는 테킬라 위기의 파급을 조기에 차단하기 위해 대규모 지원을 신속하게 제공하였다. 그 결과 멕시코의 외화보유고는 긴급차관을 도입함으로써 다시 정상수준을 회복했고, 환율이 정상화되면서 수입이 급감하는 가운데 수출은 급증하여 무역수지도 흑자로 돌아섰다. 이 성과에 대해서는 IMF가 긴급차관을 제공하는 조건으로 요구한 구조조정의 성과라기보다는 미국 경제의 호전과 NAFTA를 통한 수출증대 때문이라는 보는 시각이 우세하다(Vargas-Hernandy, 2003). 이후 멕시코 경제는 세계화 시대에 부합하는 체제와 구조를 지향한 구조조정을 꾸준히 추진해오고 있는 중이다.

10. 정경연대 구조의 변천

어느 사회이건 엘리트 집단은 존재하기 마련이만 그중에서도 사회를 지배하는 집단은 정치·경제 부문을 이끄는 엘리트 집단이다. 그리고 보통 이들 엘리트 집단은 서로 긴밀한 연줄망(network)으로 얽혀 있다. 연줄망을 이루는 데 가장 중요한 영향력을 행사하는 요인은 물론 각 엘리트가 속한 기구를 연결하는 공식적 제도라고 할 수 있다. 그러나 가족, 친구, 지연, 학연 등 비공식적 요인들의 영향력도 무시할 수 없는 경우가 많다. 멕시코 연줄망을 결정하는 비공식적 요인들을 살펴보면 흥미롭다.

정치인들의 연줄망은 학연 중심으로 형성되고 있는 반면에 자본가들의 연줄망은 가족 중심으로 구축되어 있다(Camp, 2003). 또 정치인과 자본가를 연결하는 비공식적 연줄망은 놀라울 정도로 박약하다. 실제로 멕시코에서 재력가문 출신의 정치인을 발견하기는 쉽지 않다. 그러나 멕시코 기업들의 소유는 몇몇 재벌가문에 의해 완전히 장악되어 있는 상태다(La Porta, Lopez-de-Silanes, Schleifer and Vishny, 1999). 비공식적 연줄망은 유력한 후원자(mentor)가 그 중심에 위치하는 구조로 유지되는데, 비공식적 연줄망이 각 기관의 현실적 조직으로 그대로 공식화해버리는 경우가 허다하다. 공식적 조직이 연줄망을 주도하는 체제가 아니라 거꾸로 비공식적 연줄망이 공식적 연줄망을 이끄는 것이다.

제도혁명당(PRI) 치하에서 대통령은 6년마다 교체되었다. 각 대통령은 집권 마지막 해에 다음 대통령 후보를 지명하는데 이 후보는 어김없이 차기 대통령으로 당선된다. 종신집권을 획책한 개인은 없었으나 제도혁명당(PRI)이 이처럼 일당독재체제를 구축하고 권력을 독점해온 기간(1929~1979)을 '패권시대'라고 부른다(Vargas-Hernandy, 2003). 이 기간 동안 집권정치권력은 경제 엘리트인 자본가들과 긴밀하게 연대하는 구조 속에서 멕시코를 지배해왔다. 절대권력을 장악한 집권층과 자본가들의 연대관계는 자연스럽게 정경유착으로 진전되어 부패의 온상이 될 수밖에 없었다.

수입대체형 산업화정책은 멕시코 기업들이 국제경쟁에 노출되지 않도록 보호하는 혜택을 제공하였고, 이에 대한 대가로 기업들은 정부를 적극 지원하고 협력하였다. 정경유착이 강화되는 가운데 빈곤과 불평등을 해소하려는 사회정책이 외견상으로는 활발히 추진되었으나 그 효과는 부진하였다. 다만 두터운 중산계급이 형성되는 성과만을 거두었을 뿐이었고, 지배엘리트들이 지배하는 국가는 소외계층의 희생을 강요하는 제도화된 폭력의 함정에 빠짐으로써 위기를 맞은 것이다. 1990년대까지도 부의 집중률이 높았기 때문에 수많은 국민들이 빈곤의 수렁을 벗어나지 못했고,[6] 이러한 실정은 지금도 마찬가지다. 정치엘리트 집단과 경제엘리트 집단이 서로 겹치지 않고 비공식적 연줄망의 연결도 박약하지만, 절대권력이 주도하는 장기적 정경연대는 한정된 소득을 자신들 중심으로 분배하도록 이끌어 갈 수밖에 없었을 것이다.

새로운 정당이 출현하여 정치인들이 양분된 '양당 시대'(1979~1985)를 거치면서 정치권력과 기업가들의 연대관계는 긴장관계로 돌입하였다. 그동안 기업가들은 수입대체형 산업화정책의 최대 수혜자로서 정부와 긴밀한 우호적 협력관계를 유지해왔지만 사회여건이 달

6. 10대 자본가들은 GDP의 15%를 생산하여 상장기업 순판매의 25%를 점유한 반면, 국민의 40%가 빈곤층으로 분류되는데 그중 절반은 최빈층이다. Vargas-Hernandy (2003)와 Camp(2003) 참조.

라지면서 연대의 성과에 대한 불확실성이 커지자 변화가 불가피해진 것이다. 구조조정이 불러온 규제개혁은 기존 기업의 기득권을 빼앗아 신규 진입자에게 주는 경우가 많았다. 기존 기업들에게 정부는 더 이상 전통적 후원자가 아니었다. 특히 기업가들은 은행 국유화 조치를 정부의 배신으로 간주하였다.

멕시코의 국가체제가 복지국가에서 신자유주의적 국가로 전환하면서 또 하나의 정당이 출현하여 1988년부터 소위 '다당 시대'가 시작되었다. 정치질서가 크게 변하여 과거에 제도혁명당(PRI)이 차지하던 굳건한 지위에도 금이 갈 수밖에 없었다. 멕시코 정치는 중심을 상실하였고 그동안 멕시코 정치를 지배해오던 전통적 윤리와 원칙도 붕괴하였다. 시장영역의 확장은 정치권력이 자본가들에게 베푸는 혜택의 폭을 축소시켰고, 이에 따라서 정치권력과 자본가들의 전통적 연대관계도 재조정되기에 이른 것이다.

막강한 정치권력이 주도하던 정경연대가 붕괴하면서 그 공백을 틈타 갑자기 나타난 것이 시장경쟁이었다. 멕시코 기업들은 정부의 보호와 간섭에서 벗어났지만 그 대가는 혹심한 국제 경쟁에 노출되는 것이었다. 반세기 이상 수입대체적 산업보호에 길들여져온 멕시코 기업들에게 세계 시장은 물론이고 국내 시장에서까지 막강한 경쟁력을 보유한 외국 기업들과 경쟁해야 하는 상황은 엄청난 시련이었다. NAFTA의 즉각적 효과가 뚜렷한 무역수지 악화로 나타난 것은 당연한 일이었다. 단기적으로는 외국인 직접투자가 활발하게 이루어지고 중·장기적으로는 멕시코 기업들이 자신들의 경쟁력을 견실하게 개발해야 멕시코의 생산체제가 NAFTA의 이익을 최대한 실현시킬 수 있을 것이다.

11. 멕시코 경제의 과제

개도국이든 선진산업국이든 간에 경제 문제의 핵심은 가용 자원과 물자가 부족한 데서 비롯한다. 경제개발정책은 국가경제를 가장 효과적으로 발전시킬 부문에 부족한 자원을 집중시켜야 성과를 거둘 수 있다. 프레비쉬를 비롯한 중남미경제위원회(CEPAL) 경제학자들이 옳게 지적하였듯이 전통적 산업인 농업은 제조업만큼 빨리 성장하지 못하기 때문에 산업화를 이루지 못하면 개도국은 농촌부문의 방대한 실업을 구제할 수 없다. 농촌부문의 발전만으로는 농촌의 실업을 해결할 수 없기 때문이다. 즉 국가경제의 효과적 발전을 도모할 부문은 전통적 농업보다는 현대적 제조업이다. 그러므로 국민 모두에게 일자리를 제공하고 대물림되는 가난을 퇴치하려면 개도국의 부족한 자원은 산업화 추진에 집중적으로 투입되어야 한다.

1) 조급한 사회복지정책

멕시코는 1992년 현재 빈곤인구가 40%를 웃도는 상황이다. 이 정도 규모의 빈곤을 퇴치하려면 나머지 60%가 이들의 생활을 도와주는 임시방편적 사회정책보다는 빈곤인구가 스스로 소득을 얻는 일자리를 가지도록 경제를 산업화시키는 정책이 절대적으로 필요하다. 그러나 산업화가 어느 수준에 이르기도 전에 부의 편중이 만든 40% 빈곤층의 불만은 폭발하기 시작하였고 멕시코 정부는 사회적 동요를 효과적으로 추스르는 데 실패하였다. 다수의 빈민들을 달래기 위해서라도 당장 눈에 띄는 사회보장시책을 펼치지 않을 수 없었다. 그러나 사회보장정책이 돌봐야 할 빈곤층의 규모는 멕시코의 경제력으로는 감당하기 어려울 정도로 컸기 때문에 '동반발전' 계획은 인기영합적 수준을 벗어나지 못하고 실패하고 만 것이다.

그리고 수입대체형 산업화전략에 몰입한 결과 생산규모를 국내 시장의 규모에 맞출 수밖에 없었기 때문에 고용창출효과도 그만큼 제한적이었다. 더욱이 사회적 목적에 투입하는 자원의 규모가 커지면 산업화에 투입되는 몫이 줄어들 수밖에 없고 결과적으로 산업화는 그만큼 지체되기 마련이다. 산업화에 투입되는 자원을 줄이지 않으면서 사회적 사업을 펼치려면 그만큼 빚을 더 얻어야 하는데, 채권자가 대출 회수를 낙관할 만큼 국가경제가 성장하지 못하면 외국 투자자의 불신을 초래하여 환란을 겪을 수밖에 없는 것이다.

2) 농공병행적 산업화정책

개도국 농업의 국제 경쟁력이 취약하다고 하더라도 산업화 초기의 농업은 고용유지와 외화절약의 기능을 발휘하며 산업화를 돕는다. 한국의 농업이 좋은 예다. 그러나 농업의 보완적 역할은 산업화가 아직 미진하기 때문에 필요한 것일 뿐이다. 산업화가 더욱 진전되면 농업의 역할은 그만큼 왜소해진다. 그런데 멕시코의 동반발전정책은 농업도 제조업만큼 발달해야 한다는 인식에서 출발한다. 농업의 중요성이 개발초기 산업화의 부실한 성과를 뒷받침하기 위해 제기되는 보완적 중요성이 아니라 제조업과 함께 발전해야 하는 독자적 산업으로서의 중요성이라는 것이다.

멕시코의 경우 대다수 빈민이 농업에 종사하는 만큼 농업진흥정책은 산업화와 사회적 목표를 동시에 추구하는 동반발전정책의 중요한 하나의 축을 이룬다. 그러나 농촌빈민을 근본적으로 구제하는 변화는 농업발전이 아니라 산업화다. 전통산업으로는 농촌의 실업인구를 구제할 수 없으므로 산업화가 주변부의 절대적 과제라고 설파한 프레비쉬의 구조주의도 산업화의 성공만이 농촌의 빈곤을 해결할 수 있다는 믿음에 기초한다. 농업도 제조업만큼 지원해야 한다는 동반 발전의 발상은 산업화에 투입될 자원의 상당 부분을 농업 지원에 배정하도록 이끌기 때문에 결과적으로 산업화를 그만큼 견제하는 결과로 이어진다.

3) 수입대체형 산업보호

누차에 걸쳐서 지적한 바와 같이, 개발 초기부터 수출주도형 산업화에 내몰린 한국과는 달리, 멕시코는 국내 기업들을 해외 경쟁으로부터 보호하면서 수입대체형 산업화의 길을 걸어왔다. 멕시코가 수입대체전략을 택한 배경에는 한국과는 너무도 다른 특성을 지닌 멕시코 경제가 자리하고 있다. 당시 멕시코는 수입대체형 산업화를 수용할 수 있을 만큼 국내 시장의 규모가 컸고, 공산품 수출이 아니더라도 필요한 외화를 충분히 벌어들일 수 있는 자원수출이 가능할 정도의 풍부한 부존자원을 보유하고 있었다.

기업가들은 미국 기업들과 국내외 시장에서 치열하게 경쟁하는 것보다 각종 규제를 받더라도 국내 시장에서 정부의 보호막 속에 안주하는 길을 지지하였다. 개도국 시장 규모로는 엄청나게 큰 멕시코 국내 시장은 멕시코 기업들이 생산해내는 공산품의 판로로서 손색이 없었고, 석유를 비롯한 풍부한 지하자원은 국가경제가 필요로 하는 외화를 조달하는 수출상품의 기능을 충분히 수행하였다. 한국은 특별한 우방이 원조와 같은 특단의 방법으로 장기간 도와주지 않는 한 수입대체형 산업화전략을 시도하는 것 자체가 불가능했지만 멕시코는 사정이 달랐던 것이다.

그러나 치열한 국제 경쟁에 노출되지 않았던 만큼 멕시코 기업들의 생산력은 낙후되었다. 멕시코의 GATT 가입과 NAFTA 체결은 국내 기업들이 미처 국제 경쟁력을 갖추지 못한 상태에서 국가경제를 갑자기 개방하도록 만들었는데, 그 결과는 경상수지의 악화로 나타났다. NAFTA를 체결한 미국 시장에 인접한 생산기지라는 좋은 조건도 단기적으로는 멕시코 기업들의 낙후된 경쟁력을 강화할 수 없었던 것이다. 현 단계에서 멕시코의 활로는 우선 외국인 직접투자 기업을 유치하여 생산과 수출을 확대하고 내국인 기업들의 경쟁력을 점차 강화해나가는 것뿐이다. 이제 막 경제개발에 착수하려고 하는 일반 개도국들의 상황과 조금도 다를 바 없다.

한국은 대규모 국내 시장과 수출 가능한 풍부한 지하자원의 어느 것도 가지지 못하였다. 그러나 바로 이러한 역경이 한국을 수출주도형 산업화 쪽으로 내몰았다. 반면에 멕시코는 역설적으로 대규모 국내 시장과 풍부한 지하자원이라고 하는 한국이 누리지 못한 축복을 받았던 탓에 수입대체형 산업화의 길을 선택하는 잘못을 범한 것이다. 그야말로 '자원축복의 저주(curse of resource celebration)'가 아닐 수 없다.

12. 시장과 멕시코 경제개발

멕시코의 경제개발방식은 국내 시장만을 생산물 판매시장으로 삼으면서 필요한 장비와 고급부품은 해외 시장에서 수입하는 것이었다. 그리고 해외로부터 물자를 수입하는 데에 필요한 외화는 자원을 수출하고 받은 대금 또는 차입으로 충당하였다. 기본적으로 국내 시장은 상품시장으로 활용하고 필요한 대외거래에 한하여 해외 시장을 이용하는 전략이었다. 정부의 보호정책은 멕시코 국내 시장에 대한 외국 기업의 진출을 금지 또는 제한하였다. 한마디로 요약하면 멕시코의 경제개발정책은 이용하는 시장을 국내 시장으로 제한하면서 해외 시장의 이용은 최소화하였다.

시장의 작동을 추진하는 원동력은 경쟁이다. 기업 간 경쟁은 상품시장에서는 공급자 간 경쟁으로 나타나고, 금융시장에서는 수요자 간 경쟁으로 나타난다. 활성화된 시장경쟁은 비효율적인 기업들을 도태시키고 존속하는 기업들을 긴장시킴으로써 가장 효율적인 자원 활용을 도모하고 기업의 경쟁력을 강화한다. 멕시코 기업들은 국내 시장에서는 공급자였지만 해외 시장에서는 (제한된) 수요자였다. 그러므로 멕시코 기업들이 경쟁에 노출된 폭은 그만큼 제한되었고, 자원의 효율적인 이용이나 기업경쟁력 강화의 효과도 매우 부진하였다.

개발 초기에 경쟁력이 부실한 국내 기업을 경쟁, 특히 국제 경쟁으로부터 차단하여 보호육성하는 것은 시장이 개도국 기업들을 외면하기 때문에 일반적인 경제개발정책이 예외 없이 택하는 조치다. 잘 발달한 시장은 유망기업을 선별하여 자금을 제공하고 그 기업의 생산 제품을 구매해주는 기능을 발휘한다. 그러나 발달하지 못한 개도국 시장에게 이러한 기능을 기대할 수 없고 발달한 선진국 시장도 개도국 사정에 어둡기 때문에 마찬가지다. 시장이 개도국 기업들의 창업과 활동을 이처럼 외면하기 때문에 정부가 나서서 기업을 보호육성하지 않으면 개도국에서는 기업활동 자체가 불가능한 것이다.

그러나 기업의 보호육성은 한시적이어야 한다. 경제개발정책의 핵심목표는 치열한 경쟁질서 속에서 당당히 조업하는 국내 기업들을 많이 양성하는 것이다. 초기에는 보호육성이 필요할지라도 그 기간이 무한정 길어지면 안 된다. 개방 이전의 멕시코는 국내 기업들을 항구적으로 보호하는 체제였다. 사회적 필요를 충족시킨다는 명분 아래 제품 가격을 낮추고 원료 가격은 높게 정하도록 규제하는 사회복지사업적 조치까지 시장왜곡에 가세하면서 국가는 기업의 손실을 항구적으로 보전해줄 수밖에 없었다. 결국 멕시코의 기업보호육성정책은 기업경쟁력의 배양과는 거리가 먼 반시장적 정책이었다.

기업지원정책에서 나타난 한국과 멕시코 사이의 차이는 분명하다. 한국의 정책목표는 세계 시장에서 경쟁할 수 있는 국내 기업의 육성이었다. 지원 대상 기업이 부진하면 조기에 탈락시켰고 성공적으로 경쟁력을 갖추면 정부지원을 폐지해나갔다. 그러나 멕시코 정부는 기업역량 강화를 추구하는 동시에 사회적 필요를 충족시켜야 한다는 의무를 추가로 부여하였다. 기업역량 강화를 겨냥한 지원은 목표를 달성하면 폐지할 수 있지만 사회적 필요를 충족시키는 활동은 항구적인 정부지원을 필요로 한다. 기업의 성과와 사회적 필요 충족 활동의 결과는 합쳐져서 기업의 손익결산으로 나타나기 때문에 기업은 부진한 기업성과를 사회적 필요 충족의 비용에 전가할 수 있다. 결국 멕시코의 기업지원정책은 역량강화에 실패한 기업들에 대해서조차 항구적 지원을 제공하지 않을 수 없었던 것이다.

멕시코의 경제발전과 유관한 시장은 실질적으로 국내 시장뿐이었다. 그러나 그나마도 정부의 국내 시장에 대한 반시장적 규제는 시장의 분업주도를 심각하게 왜곡해온 것이다. 한마디로 말해 멕시코의 집권당인 제도혁명당(PRI) 정부는 수입대체형 전략을 고집함으로써 멕시코 기업들을 해외 시장으로부터 고립시킨 다음, 국내 시장에 깊숙이 개입하고 기업에게 사회적 목표 사업을 수행하는 임무까지 부과하였다. 그 결과 시장경쟁이 멕시코 기업들의 경쟁력을 단련시킬 경로를 철저히 차단하였고, 따라서 경제개발에 기여할 기회까지 봉쇄하였던 것이다.

VI. 시장을 이용하는 경제개발

1. 한국 · 멕시코의 성장경험과 시장

경제개발정책의 목표는 국가경제의 생산력을 높여 민생을 풍요롭게 만드는 것이다. 구체적으로 설정하는 사업목표는 나라마다 다르겠지만 결국 기업능력의 개발과 기업활동의 창달이라고 하는 과업을 소홀히 해서는 경제개발에 결코 성공할 수 없다. 경제성장은 사람들이 일을 해야 가능하고 일을 하려면 일자리가 마련되어야 하는데, 일자리를 제공하는 기본 단위가 기업이기 때문이다. 한국과 멕시코도 각각 나름대로의 방식으로 기업을 육성하여 성장을 도모해왔다는 점에서는 차이가 없다.

한국의 기업들은 국내 시장에서는 보호를 받으면서도 냉혹한 세계 시장의 경쟁에 노출된 상태에서 성장해왔다. 경제개발정책의 기조가 대외지향적 수출주도형 경제개발이었기 때문이다. 한국 경제가 1980년대 들어서서 점차 개방체제로 이행함으로써 국내 시장의 보호도 해제되었기 때문에 결국에는 국가경제의 모든 부문이 세계 시장과 경쟁하는 체제로 되었다. 개발 과정의 각종 정부개입은 상당 기간 동안 국내 시장을 보호하는 조치를 포함하였지만, 이 반시장적 조치도 궁극적으로는 국가경제의 전 부문이 세계 시장의 치열한 경쟁을 견뎌낼 구조를 구축하기 위한 시장촉진적인 것이었다.

한국의 개발정책은 경쟁력을 갖추기 쉬운 부문부터 개발하기 시작하여 이 부문의 실력이 어느 수준에 이르면 세계 시장의 경쟁에 뛰어들도록 하는 전략이었다. 반시장적 정책조차 대부분의 경우 그 실질적 목표는 해당 기업들의 시장경쟁력을 배양하기 위한 것이었다. 그러나 해당 부문이 시장경쟁력을 갖출 때까지는 경쟁력 배양에 효과적이었던 시장대행적 정부개입이 일단 시장경쟁력을 갖춘 다음에는 꼭 같은 내용인데도 경쟁력 발휘에는 걸림돌로 변질하였다. 한국정부는 대체적으로 경쟁력 배양의 임무를 다하고 경쟁력 발휘에 걸림돌로 변한 시장대행적 정부개입을 자의 반 타의 반 그런대로 정리해 왔지만 이 정리가 충분한 것은 아니었다. 불필요해진 정부개입을 적기에 적절히 정리하지 못하여 발생한 것이 1997년 말의 환란이었다고 해도 과언이 아니다.

반면 멕시코 기업들은 세계 시장의 경쟁으로부터 철저히 격리된 채 정부의 보호 아래에서 성장해왔다. 국가주도적 수입대체형 산업화정책 때문이다. 1980년대 초까지 지속된 멕시코 정부의 경제정책은 다양한 사회적 목표를 충족하기 위하여 왜곡된 가격체계를 강요하였다. 그 결과 멕시코 기업들은 아무리 경쟁력을 잘 배양한 기업이라고 하더라도 정부가 정책적으로 도와주지 않으면 결코 손실을 모면할 수 없는 처지에 놓였다. 수입대체형 보호정책 아래 공급자들인 멕시코 기업들의 경쟁무대는 국내 시장에 국한하였는데 국내 시장의 실효가격은 시장이 아니라 정부가 결정하였다. 물론 멕시코 시장에서도 기본적 수요공급의 법칙은 작동하였다. 그렇지만 정부가 사회복지사업적 책무까지 기업에게 부과하였기 때문에 그에 대한 보상을 제공할 수밖에 없었고 부과된 책무가 항구적이었던 만큼 보상체계도 항구적으로 남아서 시장가격을 왜곡한 것이다.

엄정한 시장경쟁 속에서는 기업이 시장가격에 복종할 수밖에 없지만 정부개입이 시장가격을 왜곡하는 신호체계에서는 기업은 신호체계를 자기에게 유리하도록 오도하려는 유인을 가지게 된다. 치열한 시장경쟁이 관철되는 경제에서 어느 기업이 손해를 보지 않고 조업한다면 시장은 그 기업의 평균비용이 공공연한 정보인 시장가격보다 낮음을 투명하게 보여준다. 만약 수요공급 사정이 변하여 가격이 하락한다면 하락한 가격보다 비용이 더 높은 기업들은 퇴출당할 것이고 비용이 더 낮은 기업들만 조업을 계속할 것이다. 비용이 더 낮아서 아직도 이윤을 얻을 수 있는데도 불구하고 손실이 크다고 엄살을 부리고 폐업하는 기업은 결코 없는 것이다. 그러나 만약 정부가 낮은 가격을 강요하면서 다른 한편으로 그 손실을 보상해주기로 한다면 사정은 달라진다. 기업의 비용을 정확히 파악하는 주체는 해당 기업뿐이기 때문이다. 누구나 가격 인하폭만큼의 손실을 입었다고 주장하더라도 정부가 그 진위를 가려내기는 매우 어렵다. 이런 가능성이 열려 있는 환경에서는 기업은 비용절감보다는 정부로부터 더 많은 보상을 얻어내는 데 골몰할 것이다.

멕시코 경제가 파탄에 빠져 헤어나지 못함에 따라 멕시코 정부는 수입대체형 보호정책을 포기하고 개방정책을 취할 수밖에 없었다. 그러나 멕시코 기업들이 경쟁력을 채 갖추기도 전에 선택의 여지없이 강요당한 개방은 단기적으로 국제수지를 악화시키고 실업자를 양산하였기 때문에 수차례의 환란을 거듭하였다. 반면에 한국 정부의 수출주도형 성장정책은 기업들의 국제 경쟁력을 강화하는 데에 그런대로 성공적이었다. 비록 1997년 말의 환란은 국가경제에 큰 타격이었지만 한국의 몇몇 기업들은 이미 세계 굴지의 기업으로 국제적 평가를 얻었고, 이들을 중심으로 하는 민간기업부문은 한국 경제의 성장을 주도하고 있다.

시장을 움직이는 기본 동력은 참여주체들 간의 치열한 시장경쟁이다. 시장경쟁에서 살아남는 기업들만 번성하고 이 기업들을 많이 유치한 나라만이 번영한다. 경쟁력을 갖춘 기업들을 육성하고 유치하는 개도국만이 경제개발에 성공하는 것이다. 상품시장은 유능한 기업을 선별하고 금융시장은 유망한 기업을 선별하지만, 미숙한 개도국시장은 그 어느 기능도 제대로 수행하지 못한다. 그렇다고 세계시장이 개도국 기업들에 우호적인 것도 아니다. 선진국 상품시장은 경쟁력 없는 개도국 기업들을 환영하지 않으며, 선진국 금융시장 또한 개도국의 유망한 기업들에 대하여 관심이 없다. 자력으로 차관을 도입하지 못하던 1960년대 한국 기업들이 그 예다. 시장이 개도국 기업들의 경쟁력을 강화시키는 것을 기대하기란 매우 어려운 것이다.

폐쇄적 수입대체형 개발정책은 선진국 시장을 배제하는 정책이고 개방적 수출주도형 개발정책은 선진국 시장에 진입하려는 정책이다. 따라서 수출주도형 정책은 개도국 기업들이 선진시장에서 경쟁력을 갖추도록 만드는 것을 핵심 목표로 삼는다. 개도국 경제개발정책이 선진국 시장에 접근할 수 있는 기업능력을 개발하는 단계에서는 필요하면 얼마든지 반시장적 또는 시장대행적 조치를 구사할 수 있다. 그러나 일단 대상기업이 강화된 경쟁력을 토대로 하여 선진국 시장 진입에 성공하면 이러한 반시장적 정책은 더 이상 필요하지 않다. 필요성이 소멸한 정부정책이 그대로 잔존하면 경제발전에 걸림돌이 되기 십상이므로 모든 반시장적 정부개입은 목표를 달성한 다음에는 스스로 폐기되는 한시적 정책이라야 한다. 그렇기 때문에 성공적 경제개발정책은 궁극적으로 선진국 시장을 이용하는 시장촉진적 정책이다.

2. 시장주의적 경제개발과 사회복지

경제개발의 목표가 민생을 풍요롭게 만드는 것이라면 개발정책은 복지국가의 목표를 도외시할 수 없다. 복지사업을 각자 재난에 빠질 경우에 대비하는 보험으로 규정하여 민간보험시장이 보험료와 보험금을 결정하도록 맡길 수도 있겠지만 현실의 복지사업은 통상 정부의 반시장적 개입을 통하여 수행된다.

한국의 경우 성장 과정에서 사회복지사업은 최소 규모로 유지되어 왔다고 할 수 있다. 사회부조도 미미하였지만 사회보험에 있어서도 산업재해보험을 제외한 나머지는 20세기 말에 이르러서 비로소 시행되기 시작할 정도였다. 물론 이중곡가제와 같은 농민정책이나 정부가 직접 비용을 부담하지 않는 보편적 서비스의 교차보조가 시행되고는 있었지만, 사회복지사업 지출의 반시장성이 시장주의적 경제개발의 걸림돌로 우려될 만한 상황에 이른 적은 없었을 정도로 복지지출의 규모는 미미하였다.

그러나 멕시코는 정부가 경제개발과 사회적 목표 실현을 양대 목표로 삼아 동시에 추구하였던 만큼 그 영향이 심각하였다고 할 수 있다. 경제개발 용도에 투입할 자원의 상당 부분을 사회복지사업에 배정한 것도 큰 영향을 끼쳤지만, 특히 사회적 목표를 실현하기 위해 기업에게 부과한 항구적 반시장적 정책은 멕시코 기업의 경쟁력 배양에 큰 걸림돌이 되었다. 수입대체형 산업화는 멕시코 기업들을 세계시장의 치열한 경쟁으로부터 격리함으로써 경쟁력 훈련의 기회를 외면한 결과를 초래하였고, 대규모 사회복지사업은 경제개발에 긴요한 자원을 사회적 필요 충족에 전용하였다. 더욱이 사회적 목표 실현을 위하여 시장가격을 항구적으로 왜곡하고 보상한 반시장적 조치는 멕시코 기업들로 하여금 경쟁력 배양의 유인까지 상실하게 만든 것이다. 만약 멕시코 정부가 같은 규모의 사회복지사업을 펼치더라도 필요한 자원을 시장가격 왜곡과 손실보상의 반시장적 방식이 아닌 방법으로 조달하였더라면 멕시코 기업들의 경쟁력은 한결 더 나았을 것이다.

대규모 사회복지사업은 개발도상의 멕시코 경제가 능히 감당할 만한 수준이 아니었다. 과다한 복지사업은 선진 경제에도 부담될 만큼 지속 가능하지 못하다. 잘 알다시피 EU를 주도한 독일과 프랑스는 사회민주주의를 상당 폭 수용하는 나라들이다. 이들만이 아니고 EU의 초기 회원국들은 모두 영미식 자유시장경제보다는 복지국가를 지향한다는 점에서 공통적이다. 그러나 이들 유럽 대륙의 복지국가들이 구축한 EU의 각종 지침은 역내 교역에서 자유경쟁을 저해하는 각종 요인들을 제거하도록 요구하는 친시장적 방향으로 이끌고 있다. 즉 전통적으로 시장통제의 방식으로 복지실현을 주장하던 나라들이 모인 EU조차 오히려 과거에 복지를 앞세워 시행한 각종 시장규제를 풀도록 요구하고 있는 것이다. 예컨대 각국의 재정적자 폭을 일정 수준 이내로 줄이도록 요구하는 조치는 결국 복지지출을 줄이라는 요구인 셈이다. 국제화・세계화의 흐름을 외면하고 시장을 규제하는 사회민주주의적 복지정책을 고집하면 결국 그 경제는 쇠퇴하고, 경제가 쇠퇴하면 복지실현 재원이 바닥난다. 대처(M. H. Thatcher) 이전의 영국, 1980~1990년대의 스웨덴, 그리고 프랑스와 독일 등 유럽 각국은 이러한 실패를 바닥까지 경험하였던 것이다.

그러나 시장화가 반드시 복지국가 목표를 폐기해야 가능한 것은 아니다. 현실 복지국가의 실패는 이념의 실패가 아니라 정책의 실패이기 때문이다. 유럽의 복지국가가 곤경에 처하였지만 전후 20년은 성공적이었다. 스웨덴 모형도 약 50년간 번영한 셈이다. 스웨덴의 복지정책은 그런대로 시장수용적이었다는 평가를 받지만 이러한 외형적 특징 때문에 반시장적 체제의 부작용이 많은 시간이 흐른 뒤에서서히 나타났을 뿐이다. 요점은 복지정책이 경제운용의 효율성을 많이 침해한 복지국가는 일찍 실패하였다. 그러나 효율적 경제운용이 재원을 마련하여 뒷받침한 복지정책은 오래 지속되었다. 복지정책은 으레 반시장적 형태로 나타나지만 시장은 복지의 강력한 지원 기제인 것이다.

3. 시장경쟁력을 배양하는 경제개발

현대사회에서 경제개발은 세계 시장에서 소외된 개도국 경제가 경쟁력을 갖추고 세계 시장에 참여하려는 과업이다. 미숙한 개도국 시장을 대신한 반시장적 시장대행형 정부개입은 개도국 기업의 경쟁력을 성공적으로 배양해야 경제개발에 기여한다. 그리고 기업들이 세계 시장에 성공적으로 진출하고 국내 시장도 어느 정도 발전한 상태에 돌입하면 적절한 시장촉진적 대책이 이 반시장적 정부개입을 대체해야 한다.

그러므로 개도국 경제개발을 시장에만 맡겨서는 안 된다. 개도국 시장이 미숙한 만큼 시장대행적 정부개입이 반드시 필요한 것이다. 그러나 이 반시장적 정부개입은 시장을 배척하는 조치가 아니라 개도국 기업이 경쟁력을 갖추고 선진국 시장에 진출할 수 있도록 돕는 조치다. 즉 일견 반시장적이지만 본질은 시장지향적인 것이다. 수출주도형 개발정책을 시행한 한국 경제는 기업 경쟁력을 배양하는 반시장적 정부개입으로 산업화에 성공하였다. 그러나 수입대체형 보호정책과 과다한 사회복지사업에 노력을 분산한 멕시코 경제의 반시장적 정부개입은 기업 경쟁력 배양에 실패하고 아직도 어려움을 벗어나지 못하고 있다.

개도국의 경제개발정책은 미숙한 개도국 시장의 기능을 대신하는 것인 만큼 '반시장적' 외형을 벗어날 수 없다. 로드리크(Dani Rodrik)

의 말처럼 비전통적 현대적 활동의 개도국 유치는 결코 자연히 이루어지는 것이 아니기 때문이다. 그러나 이 '반시장적' 정부개입이 성공적인 개발정책이 되려면 한국의 경우처럼 한국 기업의 세계 시장 진출을 위한 경쟁력 배양을 목표로 삼는 시장지향적 정부개입이어야 한다. 이 점에서 멕시코 정부의 경제개발정책은 시장지향성을 거부한 정부개입으로서 명실공히 반시장적이었다고 평가할 수 있을 것이다.

참고문헌

배무기. 1982. 「한국노동경제의 구조적 변화」. 서울대학교 경제연구소 학술 토론회 발표 논문.

오원철. 1995. 『한국형 경제건설』 제1권. 기아경제연구소.

이승훈. 2005. 『재벌체제와 다국적 기업』. 서울대학교출판부.

재무부 · 한국산업은행. 1993. 『한국외자도입30년사』.

조순. 1996. 『한국경제개조론』. 다산출판사.

Ades, A. F. and E. L. Glaeser. 1999. "Evidence on Growth, Increasing Returns, and the Extent of the Market." *The Quarterly Journal of Economics*, 114(3): 1025-1045.

Alesina, A., E. Spolaore, and R. Wacziarg. 2000. "Economic Integration and Political Disintegration." *The American Economic Review*, 90(4): 1276-1296.

Amsden, A. H. 1989. *Asia's Next Giant – South Korea and Late Industrialization*, Oxford University Press.

Bairoch, P. 1993. *Economics and World History – Myths and Paradoxes*, University of Chicago Press.

Banco de Mexico, Indicadores Economicos.

Buchanan, J. M. 1992. "The Supply of Labor and the Extent of the Market." In Michael Fry (ed.), *Adam Smith's Legacy: His Place in the Development of Modern Economics*. Routledge.

Camp, R. A. 2003. "Informal and Formal Networking among Elite Mexican Capitalists and Politicians." *Comparative Sociology*, 2(1): 135-139.

CIA, World Fact book, Mexico Banking System. Sources: The Library of Congress Country Studies, http://www.photius.com/countries/mexico/economy/mexico_economy_banking_system.html.

Coatsworth, J. H. 2003. "Mexico." In J. Mokyr (ed.), *The Oxford Encyclopedia of Economic History*, vol. 3. Oxford University Press.

Cole, D. C. and P. N. Lyman. 1971. *Korean Development: The Interplay of Politics and Economics*. Harvard University Press.

Collins, S. M. 1988. "Multiple Exchange Rates, Capital Controls, and Commercial Policy." In R. Dornbusch, F. Leslie, and C. H. Helmers (eds.), *The Open Economy, Tools for Policymakers in Developing Countries*. Oxford University Press.

Combined Mexican Working Party. 1953. *The Economic Development of Mexico*. The World Bank Report of the Combined Mexican Working Party, Johns Hopkins University Press.

De Soto, Hernando. 2000. *The Mystery of Capital - Why Capitalism Triumphs in the West and Fails Everywhere Else?* Basic Books.

Foley, D. K. 2006. *Adam's Fallacy – A Guide to Economic Theology*. Harvard University Press.

Frankel, J. A. and D. Romer. 1999. "Does Trade Cause Growth?" *The American Economic Review*, 89(3): 379-399.

Frankel, J. A. and A. K. Rose. 2002. "An Estimate of the Effect of Common Currencies on Trade and Income." *The Quarterly Journal of Economics*, 117(2): 437-466.

Gauss, S. M. 2006. "The Politics of Economic Nationalism in Postrevolutionary Mexico." *History Compass*, 4(3): 567-577.

Hansen, R. D. 1971. *The Politics of Mexican Development*. Johns Hopkins University Press.

Hong, Wontack. 2002. *Catch-up and Crisis in Korea*. Edward Elgar.

La Porta, R., F. Lopez-de-Silanes, A. Schleifer, and R. Vishny. 1999. "Corporate Ownership around the World." *Journal of Finance*, 54(2): 471-520.

Lederman, D., A. M. Menendez, G. Perry, and J. Stiglitz. 2000. "Mexico: Five Years after Crisis." The World Bank.

Leff, Nathaniel H. 1968. *Economic Policy-Making and Development in Brazil, 1947-1964*. Wiley & Sons.

Levine, R. and D. Renelt. 1992. "A Sensitivity Analysis of Cross-Country Growth Regressions." *The American Economic Review*, 82(3): 942-963.

Maddison, A. 2003. *The World Economy: Historical Statistics*. OECD.

Olson, M. 2000. *Power and Prosperity: Outgrowing Communist and Capitalist Dictatorships*. Basic Books.

Pollard, R. A. 1985. *Economic Security and the Origin of the Cold War, 1945-1950*. Columbia University Press.

Prebisch, R. 1949. *The Economic Development of Latin America and Its Principal Problems*. CEPAL.

Proudhon, P.-J. 1840. *What is Property? Or, an Inquiry into the Principle of Right and of Government*.

Rodrik, D. 2007. *One Economics – Many Recipes: Globalization, Institutions, and Economic Growth*. Princeton University Press.

Sachs, J., A. Tornell, and A. Velasco. 1995. "The Real Story." *The International Economy*, March/April.

Salas, F. J. 2004. "Mexican Deregulation: Smart Tape on Red Tape." Background Paper Prepared for the World Development Report 2005.

Smith, Adam. 1776. *An Inquiry into the Nature and Causes of the Wealth of Nations*.

Stigler, G. J. 1951. "The Division of Labor is Limited by the Extent of the Market." *Journal of Political Economy*, 59: 185-193.

Summers, L. 2003. *Godkin Lectures 2003*. Harvard University, John F. Kennedy School of Government.

Topik, S. 2004. "The Revolution, the State, and Economic Development in Mexico." *History Compass*, 2: 1-36.

Vargas-Hernandy, J. G. 2003. "Mexico State's Economic and Political Transition: From Entrepreneurial State to State of Entrepreneurs." Working Paper.

Webb, P. D. and J. Sheldrake. 1993. "State and Market in Western Europe:

Traditions and Themes." In P. D. Webb and J. Sheldrake (eds.), *State and Market : Aspects of Modern European Development*. Dartmouth.

Williamson, J. 1990. "What Washington Means by Policy Reform." In J. Williamson (ed.), *Latin American Adjustment: How Much Has Happened?* Institute for International Economics.

The World Bank. 1979. *Mexico – Manufacturing Sector: Situation, Prospects and Policies.*

Yanagihara, T. and Y. Hisamatsu. 1998. "Development Strategy Reconsidered – Mexico, 1960-94." Policy Research Working Paper 1889. The World Bank Development Research Group.

Abstract

Market and Economic Development

Seung-Hoon Lee

Economic development of a developing economy may not be left to the market alone. State intervention is necessary as the markets of developing economies are premature and not able to allocate resources for efficient facilitation of economic development. However, state intervention, while seemingly anti-market, is not to reject the market, but to be market-facilitating by promoting competitiveness of enterprises within the respective developing economy. The Korean economy adopted an export-led development strategy and succeeded in industrialization by means of an anti-market strategy with market-facilitating measures. Policies like provision of sovereign debt guarantee commercial loans, promotion of exports, and protection of the domestic market by import control. Furthermore, firm-specific subsidies that have concentrated state subsidies into a selected few, were clearly market-substituting and anti-market, but the policies were market promoting and market-facilitating at the same time. Thus they were able to improve the competitiveness of Korean enterprises so that those enterprises were able to successfully compete in the international market.

In contrast, the Mexican government scattered its efforts in an import-substituting protection policy and excessive social welfare projects, and this anti-market state intervention resulted in failure to foster the competitiveness of Mexican enterprises, leaving the economy still in the struggle for industrialization. Mexico minimized international trade and shielded Mexican firms from international competition by protecting the domestic market. Social goals diverted resources away from economic development projects, and distorted market prices and compensation to undermine firms' incentive to improve competitiveness. Mexico's development policies perpetuated the market-substituting intervention and were absolutely anti-market, allowing no market-facilitating element. A successful economic development policy may be market-substituting for a limited period of time but must ultimately shift to a market-promoting mode; it may be anti-market on one side, but must be market-facilitating on the other at the same time.

찾아보기

ㅇ

ㅈ

ㅊ

ㅋ

ㅌ

ㅍ

ㅎ

발간사

'한국학'에 대한 관심과 요구가 국내외에서 높아지고 있다. 한국학을 전공으로 하는 학과도 생겨나고 한국학 연구자들의 국제학술대회도 종종 접하게 된다. 한국사회가 짧은 시기에 보여 준 역동적인 변화에 대한 학문적 관심이 나라 안팎으로 증대된 결과일 것이다. 한국의 역사와 문화, 사회적 경험이 점점 더 많은 연구자들의 관심대상으로 되고 있다는 사실은 매우 반가운 일이다.

한국학이란 고정된 분과학문 체계 내의 한 부분영역이 아니라 다양한 분과학문들이 함께 참여하는 학제적 연구의 성격을 지닌다. 한국학은 과거의 전통에 깊은 관심을 갖지만 현재의 문제들에도 주목하며 미래의 전망을 모색하는 작업도 포함한다. 인문학적 논의와 사회과학적 관심은 물론이고 자연과학적 문제의식과 예술적 시각이 함께 어우러지는 곳이다. 당연히 한국학은 국내의 연구자들이 자신의 특수성만을 부각시키는 폐쇄적인 장이 아니라 전 세계의 학자들이 자유롭게 참여하는 지적 토론의 공간이다. 한국을 대상으로 한 다양한 연구를 지원하며 진지한 논의와 지적 실험을 뒷받침하는 것이야말로 한국학의 가장 중요한 역할이라 할 것이다.

이런 의미에서 한국학은 한국의 문화와 역사적 경험을 전 인류의 문화유산과 역사적 경험의 한 부분으로 바라보는 전 지구적 시각을 요구받고 있다. 한국학은 한국사회의 경험을 연구하되, 그것을 21세기 세계사적 과제들과 더불어 사고함으로써 새로운 문명적 대안을 모색하는 전 지구적 논의에 적극적으로 동참하는 작업이 되어야 한다. 이런 종합적이고 개방적인 연구의 집적을 통해서만 한국의 특수성만을 절대화하는 오류에서 벗어나면서 동시에 서구의 눈으로 한국을 대상화, 타자화하는 오리엔탈리즘적 지역학의 한계도 극복할 수 있는 길이 열릴 것이다.

한국의 학문 발전에 큰 책임을 지고 있는 서울대학교는 한국학의 바람직한 발전을 위해 적극적인 역할을 하고자 한다. 이를 위해 별도의 연구기금을 마련하여 '한국학 장기기초연구 지원사업'을 추진하고 이 사업의 결과물들을 모아 연구총서, 자료총서, 모노그래프를 출간하기로 했다. 서울대학교 교수진의 연구역량과 진지한 문제의식들이 결집됨으로써 한국학의 연구수준이 더욱 높아지고 내용이 보다 풍부해질 것을 믿고 있다. 이 연구사업이 해를 거듭할수록 한국사회에 대한 이해가 깊어짐은 물론이고 한국의 경험을 통해 세계 학계의 시각과 논의도 더욱 풍성해질 것을 기대해 마지않는다.

2003년 8월

서울대학교 규장각한국학연구원 한국학연구사업위원회

저자 약력

이승훈

서울대학교 공과대학 전자공학과 졸업
미국 노스웨스턴대학교 경제학 박사
(현) 서울대학교 사회과학대학 경제학부 교수

저서 : 재벌체제와 다국적기업(2005)
새로운 성장동력과 균형발전(2006, 공저)
북한의 사회경제적 변화(2007, 공저)
미래 부자의 첫 경제학(2008, 공저)

서울대학교 규장각한국학연구원 한국학 연구총서

01 지방문학사: 연구의 방향과 과제 | 조동일

02 한국 근대과학 형성과정 자료 | 문만용 · 김영식

03 목석의 울음: 손창섭 문학의 정신분석 | 조두영

04 통일한국의 농업: 통일 이후 남 · 북한 농산물의 통합생산 방안 | 김완배 · 김한호 · 이정재 · 이태호 · 정하우

05 현대 한국사회의 철학적 문제: 사회운영원리 | 백종현

06 한국유교의 과제 | 금장태

07 韓國 古代 · 中世初期 土地制度史: 古朝鮮~新羅 · 渤海 | 이경식

08 『무과총요』 연구 | 나영일

09 북한 주요 산업지역의 토지이용 변화와 개방지역에 관한 연구 | 황만익 · 이기석

10 재벌체제와 다국적기업: 경제개발의 두 가지 유형 | 이승훈

11 붉은악마와 월드컵 | 이순형

12 『조선왕조실록』 보존을 위한 기초 조사연구(1) | 송기중 · 신병주 · 박지선 · 이인성

13 한국 근대의 사회복지 | 안상훈 · 조성은 · 길현종

14 한국어 체언의 음변화 연구 | 이상억

15 조선 중기 무예서 연구 | 나영일 · 노영구 · 양정호 · 최복규

16 1950년대 사회주의 건설기의 북한 보건의료 | 황상익

17 후발 산업화와 국가의 동학: 탈관료화와 강성국가의 공동화 | 하용출

18 조선 후기의 기술도: 서양 과학의 도입과 미술의 변화 | 정형민 · 김영식

19 韓國 中世 土地制度史: 朝鮮前期 | 이경식

20 남북 언어의 문법 표준화 | 권재일

21 50권본 『화엄경』 연구 | 이승재

22 한·중 소화의 비교 | 서대석

23 고려전기의 전시과 | 이경식

24 개항기 전후 경상도의 육상교통 | 허우긍·도도로키 히로시

25 한국어의 주제와 통사 분석: 주제 개념의 새로운 전개 | 임홍빈

26 한국적 패션 디자인의 제다움 찾기: 전통미와 현대적 활용을 중심으로 | 김민자

27 한국 근대문학교육사 연구 | 우한용

28 『조선왕조실록』의 여진족 족명과 인명 | 김주원

29 중앙아시아 고려말의 문법 | 권재일

30 삼국통일전쟁사 | 노태돈

31 한국의 사회운동과 진보정당 | 임현진

32 한국 행락문화의 변천과정 | 황기원

서울대학교 규장각한국학연구원 한국학 자료총서

01 古代國語 語彙標記 漢字의 字別 用例 硏究 | 송기중

02 한국철학자료집 : 불교편1 – 삼국과 통일신라의 불교사상 | 허남진 외 편역

03 한국철학자료집 : 불교편2 – 고려시대의 불교사상 | 심재룡 외 편역

05 서울대학교 중앙도서관 고문헌자료실 소장 『경제문고』 해제집 | 권태억 외

06 한글본 이언 연구 | 민현식

07-1 원문 교주 구운몽 | 원작 김만중, 교주 김병국

07-2 현대역 구운몽 | 원작 김만중, 옮김 김병국

08 해방 이후 한국기업의 진화 I : 1976~2005년간의 통계의 구축과 기초분석
이근 외

09 해방 이후 한국기업의 진화 II : 1956~1977년간의 통계의 구축과 기초분석
이근 외

10 서울대학교박물관소장 식민지시기 유리건판 | 이문웅 · 강정원 · 신일

11 풍자 우화 그리고 계몽담론 | 권영민

12 한국근현대문학의 프랑스문학수용 | 이건우 공저

14-1 유원총보역주 1 | 저자 김육, 역주자 허성도 · 김창환 · 강성위

서울대학교 규장각한국학연구원 한국학 모노그래프

01 예빈도에 보인 고구려: 당 이현묘 예빈도의 조우관을 쓴 사절에 대하여
노태돈

02 현대 한국유교와 전통 | 금장태

03 살인의 진화심리학: 조선 후기의 가족 살해와 배우자 살해 | 최재천 · 한영우 · 김호 · 황희선 · 홍승효 · 장대익

04 무협소설의 문화적 의미 | 전형준

05 정조시대의 무예 | 나영일

06 벼락도끼와 돌도끼: 고고자료에 대한 전통적 인식 연구 | 이선복

07 한국 옛 경관 속의 생태지혜 | 이도원

08 식민권력과 통계: 조선총독부의 통계체계와 센서스 | 박명규 · 서호철

09 한국의 천연염료: 전통염료와 천연염색기술 | 김재필 · 이정진

10 북한의 의학교육 | 박재형 · 김옥주 · 황상익

11 국문 글쓰기의 재탄생 | 권영민

12 사할린 귀환자 | 이순형

13 조선시대의 간척지 개발: 국토 확장과정과 이용의 문제 | 박영한 · 오상학

14 3칸×3칸: 한국 건축의 유형학적 접근 | 전봉희 · 이강민

15 위성영상을 이용한 북한지역의 해안습지연구: 평안남도를 사례로 | 유근배

16 한국 구비문학에 수용된 재담 연구 | 서대석

17 한국 자본자유화와 금융자유화의 근년변화: OECD 가입 및 IMF 사태 이후의 실상, 평가 및 대응 | 이천표

18 구어 한국어의 의향법 실현방법 | 권재일

19 조선시대 복식에 나타난 적색계 색명의 의미 | 남윤자 · 김순영 · 박성실

20 우리나라 인체기생충 및 의용절지동물의 동물상과 개요 | 채종일

21 경제개방이 우리나라 노동시장에 미친 효과 | 김대일

22 한국 고소설에 나타난 오이디푸스 콤플렉스 : 〈심청전〉·〈콩쥐팥쥐전〉 | 류인균

23 남북한 경제의 이질성 : 경제통합에 관한 함의 | 이지순

24 한국에서 마르크스주의 경제학의 도입과 전개과정 | 김수행

25 한국 장수인의 개체적 특성과 사회환경적 요인 : 호남지방 장수벨트를 중심으로
박상철 · 이미숙 · 이정재 · 한경혜

26 전통마을 경관요소들의 생태적 의미 | 이도원

27 한국의 중산층 | 홍두승

28 한국 여성의 건강증진행위 | 윤순녕 · 김숙영 · 이지윤

29 心과 性 : 茶山의 『孟子』 해석 | 금장태

30 20세기 초기 국어의 문법 | 권재일

31 한국의 고령노동 : 경제활동과 고용구조의 장기적 변화 | 이철희

32 웃음으로 눈물 닦기 : 한국 언어문화의 한 특질 | 김대행

33 한국의 좌파 경제학자들 | 김수행 · 김공회

34 온돌과 한국인의 수면 생활 : 침상 기후를 중심으로 | 최정화 · 김문숙

35 한국 고대의 온돌 : 북옥저, 고구려, 발해 | 송기호

36 한국 시민단체의 내부의사결정과정에 관한 연구 | 김준기

37 한국문화를 쓴다 : 강용흘의 『초당』과 이미륵의 『압록강은 흐른다』 비교연구 | 최윤영

38 정약용 사상 속의 과학기술 : 유가 전통, 실용성, 과학기술 | 김영식

39 仁과 禮 : 다산의 『논어』 해석 | 금장태

40 서양인의 한국 종교 연구 | 김종서

41 韓國詩話에 보이는 杜詩 | 이영주